JN426194

호모 휴매니티쿠스

인문적 인간

고영섭 지음

신아사

인문적 인간

호모 휴매니티쿠스

책머리에

이 책은 내가 인문학 동양학 한국학 연구의 길을 가면서 읽은 글과 글의 우주를 통해 나와 저자의 생각들이 행복하게 만나 뿜어내었던 우주적 상상력을 기술해 본 것들이다.

전체 구성은 인간이야기와 역사이야기로 분류해 보았다. 시간에 쫓기며 연재했던 글들 일부와 청탁받은 글들을 엮은 것이어서 미진한 점이 없지 않다. 하지만 이런 것들도 내 젊은 날의 독서의 한 흔적들이라는 점에서 부끄러움을 무릅쓰고 엮어 보았다.

삶이란 내가 누구인지를 조금씩 알아가는 과정이다. 때문에 모르는 것을 묻고 배우는 과정은 진리를 향해 길을 떠난 순례자의 구도와 같은 것이다. 그러니 두려움과 부끄러움 없이 어떻게 한 걸음을 더 나아갈 수 있으랴!

"나는 읽는다 고로 나는 존재한다." 당분간 나는 읽고 쓰기 위해서 존재할 것이다. 인간의 무늬와 향기와 가치를 머금고 있는 인간 이야기, 역사 이야기들은 인문적 가치가 존재하는 한 여전히 존재할 것이기 때문이다. 하여 나의 읽기와 쓰기는 계속될 것이다.

2010년 5월 8일

蔓山

인문적 인간

호모 휴매니티쿠스

차 례

2부 역사 이야기

프롤로그

'인문적 인간'으로 사는 것

인문이란 인간이 머금고 있는 삶의 무늬와 향기와 가풍을 일컫는다. 그리고 인문학은 인간학과 고전학을 통섭하는 인간다움에 대한 연찬이라고 할 수 있다. 인문학은 '있는 것과 있어야 할 것 사이의 거리의 최소화'와 '살아있는 것들의 생물학적 조건의 동일성'을 탐구한다. 해서 인간학이 인간의 본래성에 대한 연구라면, 고전학은 보편적 인간상에 대한 논구이다. 다시 말해서 '인간에 대한 탐구'가 인간이 지니고 있는 문제점과 그 유형에 대한 탐구라면, '고전에 대한 탐구'는 인간이 축적해온 역사와 그것의 기록에 대한 탐색이라고 할 수 있다.

'철학적 인간학'이 인간의 본성과 인간과 세계의 관계 등을 연구하는 학문이듯이, '인문적 인간학'은 인간의 무늬와 향기와 가풍이 투영된 '인간다움'과 '사람다움'을 연구하는 학문이다. 우리의 학문(學問)이 물음(問)과 배움(學)의 체계라면, 인문적 인간학은 인간의 삶과 생각에 대한 물음과 배움을 탐구하는 학문이라고 할 수 있다. 인간이 두 발로 뚜벅뚜벅 걷는 직립을 통해 언어를 발견하고 자유로워진 앞발을 통해 도구를 발명했듯, 인문학은 인간의 향기로부터 전개되고 고전의 온축으로 확산된다.

그러므로 인문적 인간학은 인간에 대한 생물학적 접근뿐만 아니라 보편적 인간에 대한 종합적 접근을 궁극적 지향으로 한다. 우리의 삶은 일정한 시간과 공간에서 만나는 각 사건의 '점'들이 연속으로 이루어지는 '선'과 선들의 연속이 만들어내는 '면'과 면들이 만들어내는 '입체'로 이루어진다. 때문에 가로축과 세로축 위의 점과 선과 면과 입체들이 삶을 수놓아 갈 때 우리의 들숨과 날숨은 지속적으로 유지되어 갈 것이다. 우리의 삶은 가로축과 세로축인 시간과 공간, 씨줄과 날줄, 실천과 이론, 원리[理]와 사태[事] 위에서 이루어지는 점들과 선들과 면들과 입체들의 사건들로 이루어지기 때문이다.

삶은 순간으로 이루어진다. 아니 순간이 우리 삶의 전부다. 사건과 사건들의 만남이 우리의 삶을 수놓듯 우리의 생각 역시 이러한 삶 위에서 직조된다. 나와 너, 우리와 그들 사이의 관계들이 모두 인간과 고전이 뿜어내는 인문으로 모아지듯 우리의 삶은 이곳에서 꽃 피게 된다. 인간 이해의 꽃과 고전 이해의 열매가 인문이라는 숲으로 뻗어갈 때 우리의 삶은 보다 풍요롭게 될 것이다. 그 숲 속에서 인문적 인간은 인간과 고전에 대해 사색하고 산책하고 호흡하고 산보하면서 보다 성숙해 갈 것이다. 이러한 인간을 우리는 호모 휴매니티쿠스로 부른다.

1부

인간 이야기

박종홍의 『한국사상사』
고유섭의 『한국탑파의 연구』
김동화의 『유식철학』
서정주의 『미당서정주시전집』
조지훈의 『지조론』
원의범의 『알게 모르고 모르게 알고』
신옥희의 『일심과 실존』
신오현의 『원효철학 에세이』
한자경의 『불교철학의 전개』
이문열의 『선택』
고명수의 『나의 꽃밭에 님의 꽃이 피었습니다』

나의 독서일기는 이렇게 시작한다. 분야는 인문학 전 영역. 저자들은 동아시아 및 세계를 향한 거시적 비전을 지닌 한국인 필자. 문체는 이 시대의 고전을 만들고자 몸부림치는 스타일의 글. 이 땅이 문호를 개방한 지 135년. 우리 학문과 예술은 어디까지 와 있는가? 나의 인문학(인간학+고전학) 독서일기는 이 땅의 사람들이 금세기에 한국어로 만들어낸 '존재의 집'들을 방문하는 형식으로 진행된다.

이제는 집이다. 집도 절도 없는 자의 서러움을 아는가? 모든 힘은 집에서 나온다. 아직 덜 지은 집들에 가서는 연장도 날라주고 휜 못도 빼어주기를 다짐하면서. 또 얼마동안 같이 지낼 동네에 나도 한 평짜리 방이라도 세 들어 살 수 있기를 바라면서. 그리고 나의 독서일기가 인문학 전반의 에너지를 불교의 자양분으로 끌어들일 수 있기를 희망하면서.

한국사상사의 르네상스기에 대한 철학적 논구

박종홍의 『한국사상사 : 불교사상편』
(서문당, 1972; 1987)

한국철학계의 태두인 열암(冽巖) 박종홍(朴鍾鴻, 1903~1976)의 『한국사상사 : 불교사상편』을 읽었다. 『박종홍전집』 제4권에도 실려 있는 이 글들은 한국사상사, 특히 한국불교사상사를 공부하는 사람들의 필독서이다. 서문당에서 불교사상편만을 독립시켜 『한국사상사』라는 제목으로 간행하였고 『전집』(제4권, 1980) 속에는 불교사상편 뒤에다 유교사상편과 함께 싣고 있다. 소략한 양(문고판 232면)이지만 철학자에 의해 한국사상사가 처음으로 조명되었다는 점에서 높이 평가받고 있다. 이 책은 이후 한국불교사상사 연구의 기념탑이 되어 있다.

저자는 한 평생을 한국철학연구의 주춧돌을 놓는 데에 신명을 바쳤다. 『전집』(제4권)에는 「한국사상연구에 관한 서론적인 구상」이라는 제목으로 나와 있지만, 문고판 『한국사상사』에는 이 글이 '서론'으로 내세워져 있고 "한국사상연구의 구상"이라는 부제가 달려있다. 저자의 모든 생각은 서문에 다 나와 있다. 또 논문의 주제는 한 마디로 요약된다. 이 서론 역시 한국사상사를 보는 열암의 눈이 잘 나타나 있다.

이른바 김영삼 정부에서는 처음 국제화와 세계화라는 캐치프레이즈를 내걸었다. 곧이어 여러 비판들이 일어나자 글로벌라이제이션(국제화, 세계화)은 로칼라이제이션(지방화)을 지향한다고 하면서, 글로칼라이제이션(世方化)이라는 특이한 신조어를 만들어 내었다. 즉 세계화와 지방화의 합성어를 '세방화'라는 말로 창안해낸 것이다. 과연 이 용어는 타당한 것인가? 이것이 바로 김영삼 정부의 화두일 것이다.

박정희 정부의 이데올로그(이론가)로 참여하여 "국민교육헌장"을 만들었던 열암 역시 이 책에서 여기에 대한 물음에 이렇게 대답한다. "모든 것이 국제적, 세계적으로 추진되어 가고 있는 이 새로운 시대에 처하여 한국 사상을 운운함은 마치 보수적인 고루한 짓이라고 생각하는 사람이 있을는지 모르나 이것은 국제적, 세계적이라는 것의 진의를 올바르게 파악하지 못한 소치(所致)인 줄 안다." 각국의 특색을 말살함으로써 하나가 되는 것이 국제적이 아니다. 서로 장점을 살리어 이해가 깊어질 때에 비로소 정신적으로 가까워지는 것이 아닌가.

각자의 특색을 의의있게 관찰함으로써만 그 특색을 초월한 깊은 면에 있어서의 일치 융합(融合)도 가능한 것이다. 한 가정의 화목을 위하여 부부의 중성화(中性化)를 꿈꾸는 사람이 있다면 누구나 아연해질 것이다. 세계가 하나의 맥락(脈絡) 속으로 얼키어 있는 만큼 한국의 사정이 그대로 세계적인 정세를 반영(反映)하고 있는 것이요 구태여 한국을 따로 내세울 필요가 없다고 할는지 모르나 세계 어디를 가나 한국 사람은 하나의 한국사람으로서 행세해야만 되고 또 하지 않을 수 없는 것이 사실이라면 한국 사람의 사상은 한국 사상일 수밖에 없다.

사실이지 아무리 좋은 것이라도 그 '지역'이 없을 수 없다. 지역은 나쁜 것이 아니라 어떠한 문화와 사상과 인물이 나올 수 있는 '배경'이며 '힘'이다. 그러한 문화나 사상과 인물을 만들어낸 물과 산세와 토양을 통해 비로소 하나의 가풍과 기질과 개성이 탄생하는 것이다.

그렇지만 소위 코스모폴리탄(세계주의자, 세계인)을 자처하는 이들이나 외국인들은 이렇게 반문할 것이다. 한국에 사상이 있는가? 불교와 유교는 외래로부터 들어온 것이 아닌가? 이러한 물음에 대해 열암은 이렇게 강변한다. "위대한 사상에는 국경이 없는 법이다, 할지도 모른다. 그렇다고 하여 세계적인 종교, 세계적인 철학이 단 하나인 것은 아니다. 설사 근본 원리에 있어서 하나라고 보려는 사상이 있다 치더라도 그것은 또 그것대로 벌써 하나의 특색을 형성하고 있는 것이다. … (중략) …

사상이란 원래 인간의 생활 속 깊이 그 뿌리를 내리지 않고는 그의 옳은 구실을 다하지 못하는 것인 만큼 자연 민족성이나 국민성이 드러나지 않을 수 없게 되는 것 같다."

그렇다면 한국 사상이란 게 뭐가 도대체 있었느냐? 라고 하는 이들의 물음에 대해 이렇게 그는 답변한다. "한 가지만 그분들에게 묻고 싶다. 외국 것을 알기 위하여 허비한 시간과 노력의 얼마를 우리의 것을 찾기 위하여 바쳐본 일이 있느냐고. 알아 본 일도, 아니 관심조차도 가져본 일이 없으면서 단안(斷案)부터 내리는 용기와 의아심은 자기의 일을 남의 일같이 대하는 너무나 딱한 태도가 아닐 수 없다. … (중략) … 우리는 우리 자신을 너무나 잊어버리고 있는 것도 같다. 자아를 망각한 빈 마음은 이리 쫓고 저리 달리어 새로운 사조(思潮)를 유일의 진리인양 받아들이기에 바쁜 것도 같으나 이를 소화해서 내 것으로 만들 겨를을 가지지 못한 채로 거기에 남는 것은 공허(空虛)한 모방에 지나지 않은 형해(形骸)뿐일는지도 모른다. 이것이 이른바 사대주의(事大主義)의 병폐(病幣)요 자각을 가지지 못한 나라 사람들이 빠지기 쉬운 안타까운 약점이다."

그렇다고 저자가 외국 것을 무조건 부정하는 것은 아니다. 저자는 "우리의 궁극적인 목표가 우리의 살 길을 찾는 데 있다면 한국의 사상은 우리가 살아 나아갈 앞길을 밝혀주는 것이어야 할 것이다. 사상이란 회구적(懷舊的)인 추억에 그의 사명이 다하는 것이 아니다. 우리의 삶에 새 힘을 넣어주는 안내의 몫을 담당할 수 있어야 한다. 그런데 남이 우리를 대신하여 우리의 길을 개척할 수도, 걸을 수도 없는 일이라면 아무리 힘들어도 우리의 힘으로 우리의 길을 개척하여야 하며 걸어가는 수밖에 도리가 없다. 그런 만큼 그에 대한 우리로서의 확호불발(確乎不拔)한 사상이 먼저 뚜렷하게 서야 할 것이 요구된다"고 말한다.

김영삼 정부가 처음에는 국제화와 세계화를 들고 나오다가 '국제화는 지방화이다'로 바뀐 이유도 열암의 말에서 우리는 해답을 얻을 수 있을 것이다. '지역'이 없는 사상이나 철학이 성립 가능한가? 처음 탄생한 지역이 문제가 아니다. 그 사상이 어디에서 비롯되었던 간에 그것이 어느 공간에 들어가면 거기에 걸맞게 상응하기 마련이다. 그 공간은 그 사상을 담는 그릇이 된다. 그릇이 있어야 내용물을 담을 수 있는 것이 아니겠는가? 그러나 그 그릇은 내용물을 담는 기능만 하지는 않는다. 그 내용물을 담고서 고우기도 하고 섞기도 하고 비비기도 하고 끓이기도 하고 볶기도 하여 다른 맛을 창출해 낸다. 곰탕이 되든, 섞어찌개가 되든, 비빔밥이 되든, 볶음밥이 되든 어떠한 형태로의 변형을 가져올 가능성은 그 그릇이 머금고 있는 것이다. 그릇은 내용물을 먹는 사람들의 기호에 맞게 요리될 수 있는 가능태인 것이다. 사상 역시 마찬가지일 것이다.

한국사상에 있어 굳이 '한국적'인 개성을 묻는다면 어떤 것이라 말할 수 있겠는가? 동아시아 안에서도 어떤 나라와 다른 그 무엇, 즉 그것이 불교라면 인도불교와 중국불교와 일본불교와는 다른 그 무엇, 그것이 유교라면 중국유교와 일본유교와 베트남유교와 다른 그 무엇이 있는가?

그것을 음식으로 얘기하자면 짬뽕이나 비빔밥보다는 곰탕에 비유될 수 있다고 나는 말하고 싶다. 곰탕은 여러 가지 뼈와 살과 양념들이 모여서 무수한 시간동안 끓는 물 속에서 화학적 반응의 고투를 거쳐 우러나온 것이다. 뼈 속의 골수와 살 속의 피와 양념들의 화학적 결합 속에서 우러나와 새로운 맛으로 창출된 것이 우리의 곰탕이다.

한국적인 것이란 다른 이질적인 것의 일시적 결합이나 형식적 조화가 아니다. 한국이라는 공간의 그릇 속에서 오랜 시간동안의 온갖 고투를 경험하고 우러나온 것이다. 그것이 하나의 키워드나 코드로 명명된다면 그것이 바로 새로운 상표로서 한국을 드러낼 수 있을 것이다. 이른바 불교에서의 원효의 '통불교'나 지눌의 '한국선', 신유학에서의 다산의 '수사학'(洙泗學), 한의학에서의 동무 이제마의 '사상(四象)의학' 등이 그 예가 될 것이다.

열암의 이 책에서 삼국－신라와 고려의 불교를 중심으로 한국사상사의 르네상스기를 정리해가고 있으며, 『전집』(제4권)에서의 유교사상편에서는 조선조의 삼봉 정도전과 양촌 권근, 김굉필, 퇴계 이황, 율곡 이이 등을 집중적으로 다루고 있다.

『한국사상사 : 불교사상편』은 크게 6부로 나뉘어져 있다. 제1부는 「고구려 승랑의 인식방법론과 본체론」을, 제2부는 「원측의 유식철학」을, 제3부는 「원효의 철학사상」을, 제4부는 「나말여초의 정신적 추세」를, 제5부는 「의천의 교관병수와 주체적 전통」을, 제6부는 「지눌의 사상」으로 구성되어 있다.

승랑에 대해서는 일찍이 위당 정인보와 육당 최남선의 언급이 있었지만, 본격적인 언급은 효성 조명기와 열암 박종홍에 의해 이루어졌다. 열암은 승랑의 인식방법론을 이제합명중도설(二諦合明中道說)로 설명하고 있다. 즉 정반합(正反合)의 삼지(三肢)적인 서양의 변증법적 인식 이론에서 한걸음 더 깊이 들어가 정반(世諦二)과 합(不二)을 통틀어 다시 하나의 세제로 보고 그것조차 넘어선 비이(非二) 비불이(非不二)를 진제(眞諦)로 하여 거기서 구극적인 불이(不二)의 중도(中道)를 밝히려는 것이라고 하고 있다. 열암은 승랑의 본체론(本體論)을 이제중도위체설(二諦中道爲體說)로 규정하면서, 무주(無住)로써 체(體)를 열어 진속(眞俗)이라 함은 용중(用中)을 말하는 것이니 이것을 개문(開門)이라 할 수 있으며, 이제(二諦)와 중도(中道)는 곧 용(用)과 체(體)인 것이요, 승랑의 사색은 자재한 개합(開合)으로 본체론의 오의(奧義)를 천명한 것이라 역설하고 있다.

원측의 유식철학에서는 원측의 학적 위치, 자은종파의 시기, 근본적인 연구태도, 독자적인 견해를 통해 중국 자은종파의 왜곡된 도청설을 논박하면서 서명 유식의 명예회복을 꾀하고 있다. 현장을 상승한 자은－혜소－지주 등의 자은학파에 맞선 원측－도증－태현으로 이어지는 서명학파의 사상이 어떻게 다른가, 즉 제8식과 제9식을 보는 관점의 차이 등의 여러 조목들을 통해 원측의 위상을 재조명하고 있다.

원효의 철학사상에서는 화쟁(和諍)의 논리, 각(覺)의 원리, 각(覺)의 방법(止觀), 무애(無碍)의 구현을 통해 원효의 생각을 집중적으로 해부하여 원효철학이 머금고 있는 독창성과 유연성을 도출해 내고 있다.

신라말 고려초의 정신적 추세는 도선으로 대표되는 풍수도참사상에서부터 궁예로 대표되는 미륵불 출현, 선종의 도입을 통해 구산선문이 형성되는 과정에 대해 소략하게 개관하여 이후 사상사의 단초를 정리한다.

뒤이어 교법과 관법을 함께 닦는 천태선을 고양시킨 의천을 통해 전통의 확립과 주체성의 선양을 밝히고 있다.

마지막으로 조계선을 천양한 지눌의 생각을 밝히고 있다. '자기가 본래 부처요, 중생이 본래 부처'임을 밝히는 회광반조(廻光返照)로부터 돈오점수(頓悟漸修), 정혜쌍수(定慧雙修), 무사(無思)로 계동(契同), 회향(廻向)의 보현행(普賢行)을 통해 지눌사상의 독창성을 고양시키고 있다.

1922년 약관의 나이로 『개벽』(開闢)지에 「한국미술사」를 연재하고, 1924년에는 그의 최초의 철학논문인 「퇴계의 교육사상」을 발표했던 열암 박종홍! 평생 동안 한국사상의 주체성을 강조하면서 철학하는 자세를 견지했던 삶의 흔적을 그의 저술이나 논문 제목에 나타난 '모색'이라는 술어를 통해 확인할 수 있다.

우리 민족문화(石塔) 연구의 금자탑

고유섭의 『한국탑파의 연구』
(동화출판공사, 1975)

‘한국 미술사학의 아버지’로 알려진 우현(又玄) 고유섭(高裕燮)의 『한국탑파의 연구』를 읽었다. 내가 만일 하나의 전공을 더 가진다면 지금도 나는 미술사학을 공부하고 싶다. 나에게는 미술사학 공부에 대한 오랜 원력이 있다. 내가 다닌 보성고등학교는 간송 전형필 선생의 집안이 경영하는 학교였다. 혜화동 학교교사 뒤의 성북동에 자리한 보화각(寶華閣)은 우리나라 제일의 사립 미술관이다.

일찍이 간송 선생은 식민지의 그 불우했던 시절에 사재를 털어 우리 문화재의 외국반출을 혼신을 다해 막았던 ‘문화인’이었다. 그분의 정신이 깊이 투영된 학교여서일까? 나는 그곳에서 청소년 시절의 나의 사유 형성에 깊은 영향을 받았다. 그 시절 보성은 이른바 문사철(文史哲) 회통의 정신이 깊이 투영된 동양의 문인화와 같은 분위기가 학교 안에는 짙게 배어있었다. 문자향(文字香)과 서권기(書卷氣)가 어우러진 학풍 때문일까? 그 때의 나에게는 미술사학을 통해 우리 문화의 위대함에 대해 눈뜰 수 있다는 확신이 있었다. 허나 나의 길은 아직까지 그 길로 직접 연결되지는 못하고 있다. 오늘도 나는 그것을 늘 염두에 두며 정진하고 있다.

탑(파)은 원래 붇다의 무덤이었다. 탑파에는 붇다의 성스러운 진신인 사리가 봉안되어 있다. 불탑신앙은 벌판에 세워진 사리탑으로부터 배태되었다. 그런데 이 탑파와 지제는 예로부터 변별되어 왔다. 짜이띠야(支提, 靈廟, 淨處)는 영장(靈場) 고적(古蹟)을 표시하는 기념탑(記念塔)이다. 이 지제는 석존 생전의 역사적·전기적 지역에만 있을 수 있는 것이다.

그래서 사리가 없는 구조물을 지제(支提)라 하고, 사리가 있는 형상물을 스뚜우빠(塔婆)라 하였다. 그러나 후대에 오면 사리를 갈무리한 무덤을 지제(支提)라 하고, 사리 대신 경권(經卷)을 넣은 무덤을 탑파라고 불렀다. 허나 이러한 경계가 분명하지 않아서 탑파와 지제의 구분없이 사용하기도 했으며, 어느 때부터는 탑파안에도 사리가 들어가게 되었다.

붇다가 육신으로서의 허물을 벗고 반열반에 들자 불교도들은 붇다의 몸에 다비를 거행했다. 남겨진 사리는 곧 10곳으로 나누어졌다. 그런데 육신의 모습을 버리고 떠난 붇다를 그리워한 불교도들은 붇다의 진신인 사리를 탑이라는 무덤에 모시고 예배하기 시작했다. 이렇게 시작된 불탑은 본디 출가보살의 수행처인 아란야(僧院)에 있지 않고 넓은 벌판 가운데에 있었다. 대승불교운동을 일으켰던 재가보살들은 붇다의 가르침을 되새기고 싶을 때마다 이 불탑을 찾았다.

단정한 옷차림에 온 정성을 깃들인 공양물을 들고 불탑 주위로 모여 지극한 마음으로 기원하였다. 불탑에 바쳐진 공양물은 재가보살(가나)들이 관리하였다. 이러한 경제적 배경을 통해 대승운동은 거세게 일어났다. 이들은 자신만의 구제를 위해 아라한적인 수행에만 집중되어 있던 당시 출가승단에 대해 '보살'이라는 이상적 인간형을 제시하고 자기를 넘어서서 타인의 고통에 동참하는 것이 불교의 참다운 정신임을 천명했다. 그 구심은 불탑에서 비롯되었다.

이에 출가승단은 '공덕'의 의미를 재해석하여 벌판에 서있는 불탑을 절 안으로 끌어들이게 된다. 이들의 논리는 어떻게 하면 불탑에 올린 공양물을 아란야(僧院)로 가져올 수 있는가를 모색하는 것에서 출발했다. 이는 절 밖에서 운영되는 불교의 재정을 절 안으로 끌어들이기 위해서 모색된 것이었다. 그래서 이즈음 생성되기 시작한 반야사상에 입각하여 출가교단은 교리해석을 새롭게 전개한다.

출가승단은 '공덕'에 대한 해석의 전환을 통해서 재정권을 확보한다. 그 근거는 반야경전군에 부지기수로 등장하는 '일곱 가지 보배[七寶]로 공양하더라도 『금강경』 4구게 하나를 들려주는 공덕에는 미치지 못한다'는 주요 관용어로 잘 대변된다. 출가자들은 반야경전을 매개로 한 경권(經卷)신앙을 통해 사유의 전환을 일으킨다. 이로써 반야경전의 권위가 절정에 도달하게 된다. 이러한 공덕에 대한 인식의 전환을 통해 절 밖의 벌판에 있던 불탑을 절 안으로 끌어들이고 그 공양물을 출가승단이 관리하는 체제로 들어서게 된다. 오늘날 중국과 우리나라, 일본 등의 절 안에 불탑이 들어서게 된 밑그림은 바로 이런 것이다.

이렇게 해서 보편화되기 시작한 불탑은 각 지역으로 전파되면서 목탑, 석탑, 전탑 등의 다양한 재질로 조성된다. 산이 많고 양질의 화강암이 풍부한 우리나라는 지천에 널려있는 것이 석탑이며 불상이다. 벽돌을 재질로 한 탑이 풍부한 중국을 전탑의 나라라고 한다면, 일본은 높은 누각 양식(高樓式)으로 된 켜켜이 솟은 목탑의 나라일 것이다. 그러나 우리나라에는 탁절한 석탑이 많아 흔히 '석탑의 나라'라고 지칭되었다.

우리나라에서는 대개 불교전래의 초기와 왕조성립의 초기에 국가적 대찰 안에 목조대탑이 건립되었다. 그러다가 일찍부터 높은 누각 양식(高樓式) 목탑을 석재로서 번안하여 우리 고유의 양식을 만들어 낸 것이 석조탑이다. 이러한 것들은 삼국시대 말인 7세기 전반에 동쪽의 신라와 서쪽의 백제에 시원(始源)작품으로 나타나기 시작한다.

우현은 경성 보성고등보통학교를 거쳐 경성제대 철학과에서 미학과 미술사학을 전공(1927~30)한 유일한 한국 사람이다. 3년을 모교 철학과 연구실 조수로 근무하다가 1933년과 3월 개성부립 박물관 관장으로 부임한다. 1944년 6월 현직에서 별세하기까지 논문 1백 수십편을 발표하였다. 그 논문들은 우리 미술사 연구의 선구적 업적물이다. 이 책의 초고는 1936년에 간행된 『진단학보』 제6권에 「기일」(其一)이 게재되었으며 1940년 6월 동지 제14권에 「기삼」(其三)이 발표되었던 것인데 미완으로 그쳤던 원고이다. 5년동안 3회에 걸쳐 발표된 원고를 모은 것이 이 책이지만 우리 고대 조형 중에서 대표적인 것을 중심으로 연구한 고대 석탑연구의 금자탑이다. 이 책에는 한국 탑파의 양식론적(樣式論的) 고찰이 집중되어 있다.

고려의 고도인 개성(송악)에서 태어난 저자는 일인학자들의 왜곡된 석탑이해에 대한 반기에서 그의 학문적 초석을 놓는다. 이는 일인학자 소창진평의 왜곡된 향가이해에 대한 반기에서 출발한 무애 양주동과 궤를 같이 한다. 우현은 당시 일인학자들이 부여읍 남쪽의 정림사지 5층 석탑을 한때 '평제탑'(平濟塔)이라는 속칭에 따라 당나라 장수 소정방이 백제를 평정하고 건립한 것이라 하는가 하면, 전북 익산의 미륵사지석탑을 통일신라 초기시대로 비정하여 고구려의 망명객인 안승(安勝)의 금마보덕국(金馬保德國)시대로 추정하는 속단에 대해 이견을 제시하면서 본격적으로 학자의 길에 뛰어든다.

저자의 이 책은 총론과 각론의 두 편과 부록으로 구성되어 있다. 총론에는 저자 평생의 학문적 화두인 「한국탑파의 연구」를 통해 자신의 학문관을 보여주고 있으며, 각론에서는 각 지역에 소재한 우수한 작품들에 대한 예리한 천착이 돋보인다. 부록에서는 「조선탑파의 약식변천」에 대한 논지를 보여주고 있다. 총론인 「한국탑파의 연구」의 소절들인 '탑파의 의의', '가람조영과 당탑(堂塔)가치의 변천', '불사리(佛舍利)와 가람 창립연기의 변천' 등의 전반부는 이 책의 서론을 장식하고 있다. 본론에서는 목탑 · 전탑 · 공예탑 등을 차례로 언급하면서 마지막에 자리한 '조선의 석탑'에서 자신의 온축된 목소리를 드러내고 있다.

특히 삼국시대 석탑의 발생과정과 현존하는 백제의 미륵(익산), 정림(부여) 두 탑을 들어 우리나라 석탑의 발생을 백제국에 두었고, 그 연대를 7세기 전반으로 비정한 것은 이후 연구자들의 지남(指南)이 되어왔다. 그 중에서도 익산 미륵사탑(西塔)이 목탑양식의 번안이라 말하고, 『삼국유사』 권3 "무왕"조의 기사를 근거로 일인학자들의 통일신라 초기 조성설을 뒤집고 이 탑이 백제의 작품임을 입증하였다. 저자는 또 고신라의 시원적인 석탑으로 분황사석탑을 지목하고 있다. 이 탑은 백제의 석탑과는 달리 전탑양식을 빌린 석탑이라고 말하고, 삼국이 통일된 뒤에는 목탑과 전탑 두 탑계(塔系)가 서로 합쳐서 새로운 신라석탑의 전형양식을 이룬다고 말한다. 그 예로서 7세기 후반의 월

성군 감은사 동서쌍탑과 원효의 「서당화상비문」이 있던 경주 고선사 3층석탑(경주박물관 이건)을 든다.

또 문무대왕이 창건한 감은사의 호국대찰(護國大刹)적 성격과 금당(金堂)구조에 착안하여, 호국용(護國龍)과 대왕암(大王巖) 전설에 대한 언급은 해방 이후의 감은사 서탑의 해체조사와 대왕암(문무대왕릉)의 발견, 감은사지의 발굴 등은 동해구(東海口) 3대 유적에 대한 학계의 관심이 그의 시사에서 비롯되었던 것임에서 그의 선견지명을 읽을 수 있다. 뿐만 아니라 지난 7, 80년대 이래의 황룡사지 발굴(특히 9층 목탑지)이나 백제 미륵·정림사지 발굴 등에서 보여준 그의 혜안은 우리에게 많은 시사를 주고 있다. 모두가 그들 전반에 대한 체계와 종합고찰에서 나온 탁견이었던 것이다.

일찍이 미학과 조선미술사 전공 결심에 따른 기자의 질문에 대해 전후의 사정을 밝힌 아래의 내용은 학문의 길에 들어서려는 이에게 정문일침이 되고 있다. "대학에서 미학이라고 해서 조선미술사를 연구하겠다고 했더니 담임교수(일인)의 말이 네 집에 먹을 것이 넉넉하냐고 묻습디다. 그래 먹을 것이 있다기보다 간신히 공부를 할 뿐이라고 했더니 교수의 말이 그렇다면 틀렸다. 이 공부는 취직을 못해도 좋다는 각오가 있고 또 돈의 여유가 있어야 연구도 여유있게 할 수 있는데…… 하며 앞길(前途)을 잘 생각해보라고 하는 것을 이왕이면 내가 할 내 공부이니 취미 있는 대로 하고 싶은 공부나 해보자고 한 것이 이 공부인데, 요행이라 할지 이 박물관(개성) 책임자로 있게 된 것만은 다행이나 어디 연구할래야 우선 자료난 - 즉 우리가 보고 싶은 것, 조사하고 싶은 것 등이 용이하게 우리 손에 안 미치는 것을 어찌합니까?……"라고 하였다 한다.

우리 문화재에 대한 일본인들의 독점과 그 비밀주의는 미술사 연구자로 하여금 자료난을 절감하게 했다. 어려운 시절임에도 불구하고 우리 민족문화의 기초적 해명을 위해 선구자 역할을 자임했던 그가 "조선의 탑파는 예술학적인 양식론에 입각하여야 비로소 많은 문제가 해결되리라 생각한다. 실제에 있어서도 조선의 석탑은 예술적 작품으로서 움직이고 있다"고 한 저자의 마지막 강연이 생각키워진다.

인식을 바꾸어 지혜를 얻는 대승불교의 기초학 연구

김동화의 『유식철학』
(보련각, 1973; 1980)

장마철이다. 밀려나기 싫어하는 늦장마 사이로 뜨거운 폭염이 쏟아진다. 이 무더운 여름날에 나는 뇌허(雷虛) 김동화(1902~1980)의 『유식철학』을 읽고 있다. 유식이란 무엇인가? 유식은 존재하는 모든 것들을 우리들의 인식으로 환원한 사유체계이다. 여기 『유식철학』이란 책이 있다고 하자. 그런데 이 책은 분명히 여기에 '있는데도' 나의 의식의 스크린이 눈을 감으면 아무 것도 '있지 않다'는 것이다. 이 책은 내 마음 속의 스크린에 던져진 하나의 피사체(영상)이다. 그 영상은 내 마음이 만들어낸 것이기 때문에 책[境]은 존재하지 않고 오직 내 의식만

이 있을 뿐[唯識]이라는 것이다.

그러면 의식이란 무엇인가? 원효는 의상과 함께 두 차례나 유학을 시도했다. 2차 유학은 해로를 통해 가기로 했다. 오늘날의 충청남도 당진(당주계) 근처에서 이틀 밤을 자게 된다. 마침 장마철인지라 비가 그치지 않았다. 첫날에는 땅막[土龕]에서 편안히 잤다. 길을 걷다가 날이 어둡자 다시 잠자리를 찾았다. 때마침 가까이 보이는 무덤에 의탁해서 하루밤을 자기로 했다. 원효는 무덤[鬼鄕, 墳] 속에서 자다가 동티[動土, 地神의 노여움]를 만나 괴로워했다. 갑자기 일어난 그는 그 이유를 깨달았다.

"어젯밤 잠자리는 땅막이라 일컬어서 또한 편안했는데 / 오늘밤 잠자리는 무덤 속에 의탁하니 매우 뒤숭숭하구나 / 알겠도다! 마음이 일어나므로 온갖 존재가 생겨나고 / 마음이 사라지므로 땅막과 무덤이 둘이 아님을 / 또 삼계는 오직 마음이요 / 만법은 오직 인식일 뿐이다 / 마음 밖에 법이 없는데 / 어찌 따로 구하겠는가? / 나는 당나라에 가지 않겠다!" 하고 물러나서 바랑을 메고 신라로 되돌아왔다.

원효가 깨달았던 그 마음[心]과 인식[識]을 체계적으로 분석하는 학문이 유식학이다. 왜 삼계는 오직 마음이며, 왜 만법은 오직 인식뿐인가? 밤길을 가던 우리는 길위에 놓여있는 새끼줄을 보고 뱀으로 착각한다. 자세히 보니까 새끼줄은 뱀이 아니라

마(痲)로 꼬은 삼줄이었다. 그런데 다시 살펴보니 마(痲)는 곧 우리들이 이름붙인 '마'라는 개념일 뿐이었다. 이른바 모든 존재의 세 가지 모습은 바로 이러한 것이었다. 이러한 존재의 세 가지 모습(三性)을 세 가지 모습 없음(三無自性)으로 환원하는 철학체계가 곧 유식철학이다.

김동화 선생의 여러 저술들은 한국불교학계에 시금석이 되어왔다. 대부분 일본책의 번역본이 중심이 된 우리 불교학계에 한국인에 의한 첫 저술이란 점에서 그의 저작들은 주체에 대한 반성을 촉구했다. 저자의 『불교독본』 상하(1952; 1958), 『신행불교』 1, 2(1970; 1973), 『불교학개론』(1958), 『불교윤리학』(1971), 『신편불교성전』(1972), 『구사학』(1971), 『유식철학』(1973), 『한국역대고승전』(1973), 『원시불교사상』(1973), 『대승불교사상』(1973), 『선종사상사』(1975), 『불교의 호국사상』(1976), 『불교교리발달사』(1977), 『한국불교사상의 좌표』(1984) 등은 한국현대불교학 연구의 고전적 작품들이다.

흔히 복숭아와 밤은 심은 지 3년 만에 거둬들이고, 감은 8년이 걸린다[桃栗三年 柿八年]는 말에서 유래한 "유식 3년, 구사 8년"이란 말이 있다. 불교를 공부하는 이들에게 있어 유식과 구사는 여러 해에 걸쳐 몸에 밸 정도가 되어야 비로소 성취될 수 있다는 것이다. 이른바 불교에 있어서의 존재론(구사)과 인식론(유식)은 몸의 단련을 거쳐서야 비로소 자기 것이 될 수 있다는 정문일침인 것이다. 저자 역시 『구사학』을 쓰고 난 뒤에

『유식철학』을 쓴 것을 감안하면 구사학은 유식학의 기초학인 것이다. 그래서 구사를 아비달마라 하고 유식을 대승아비달마라 한 것이다. 그만큼 존재의 분석에 집중한 아비달마는 인식의 분석에 집중하는 대승아비달마의 기초학임을 알 수 있는 것이다.

불(교)학의 범주는 크게 문학, 사학, 철학, 종교, 예술의 큰 범주로 구분할 수 있다. 우리나라 불학의 범주는 주로 사학과 철학과 둘을 아우르는 사상사의 영역이 주류를 이루어왔다. 그런데 그 학맥들은 주로 동국대학교를 중심으로 전개되어 왔다. 한국불교철학연구의 제1세대인 뇌허 김동화의 학맥은 고봉(杲峰) 황성기－우촌(尤村) 원의범－동대 불교대의 학자들로 이어진다. 불교사학연구의 제1세대인 효성(曉城) 조명기의 학맥은 소산(蔬山) 우정상－왕봉(旺峰) 김영태－동대 불교대의 학자들로 이어지고, 한국불교사상사연구의 제1세대인 미산(米山) 홍정식－현석(玄石) 김잉석－병고(丙古) 고익진－동대 불교대의 학자들로 이어진다. 또 한국불교문학은 제1세대인 무애 양주동의 학맥이 김성배/김기동/김운학/임기중－동대 불교대와 문과대의 학자들로 이어지고, 한국불교미술사학은 우현(又玄) 고유섭의 학맥이 초우(草雨) 황수영－정명호/정영호/문명대－동대 예술대의 학자들로 이어진다. 현재 우리나라 각 대학에서 불교철학 내지는 불교사학, 불교문학, 종교학으로서의 불교, 불교예술학을 전공하는 학자들은 대부분 3세대 내지는 4세대 학자들로 분류된다.

불교철학연구의 1세대 학자인 이 책의 저자는 이 시대 학자들의 대부분이 그러했듯이 출가의 경험이 있으며 일본 유학생 출신이다. 그래서 일본의 불학연구 풍토가 배어있음을 엿볼 수 있다. 또 저자의 몇몇 저술들에는 일본학자들의 학설이 소화가 덜 된 상태로 편집되어 있는 것도 눈에 띈다. 허나 이 시대 학자들의 경향들이 그러했다하더라도 뇌허만큼 짜임새 있게 불교철학연구의 영역을 온축해온 학자는 드물었다. 불교철학은 종학 내지는 교학이라는 좁은 울타리에 매이게 하지 않고 철학의 보편적인 영역으로 끌어올린 것은 그의 공헌이었다.

인도에서 흥기되어 발달된 유식은 미륵－무착－세친－호법 등 10대 논사들에 의해 불교사상의 정화를 꽃피운다. 호법의 제자였던 계현의 가르침을 흡수한 당나라의 현장은 17년 동안의 인도 유학기간 온축한 사상체계를 직제자인 규기에게 전수한다. 규기는 현장이 전한 호법종에 의거하여 중국 법상종(자은종)을 정립한다. 때문에 자은사를 중심으로 자은학파가 형성되고 그 맥은 혜소－지주 등으로 이어진다. 자은학파와 쌍벽을 이룬 신라인 중심의 서명학파는 문아(서명 원측)를 중심으로 독특한 사유체계를 전수한다. 직제자인 도증과 승장과 자선 등에 의해 그의 불학은 상승된다. 신라로 돌아간 도증은 직제자 태현에게 문아(서명 원측)와 자신의 유식관을 전수한다.

문아(서명 유식)는 유식학의 입장에 서 있으면서도 중관학의 입장을 원용한다. 그는 호법에 가까운듯 하면서도 청변의 설을 취하기도 하고, 용수의 논리를 취하면서도 미륵의 논리를 원용한다. 문아는 없음[空]과 있음[有]의 대립을 넘어서 중도(中道)의 입장에서 자유자재로 수립하기도 하고 타파하기도 한다. 정립[立]과 논파[破]에 있어서의 기준은 불설(佛說)이며, 경증(經證)에 의해 자신의 논리를 전개한다.

구사학이 존재를 5위 75법으로 분류한데 비해, 유식은 5위 100법으로 분류했다. 즉 이 5위 75법이 우주만물의 근본 실체로서 과거, 현재, 미래의 시간을 통하여 실재한다고 주장하는 구사학은 존재[色]가 근본[本]이요 마음[心]은 지말[末]임을 주장함에 비해, 유식학은 마음이 근본이요 존재는 지말일 뿐이며, 현상계의 모든 현상은 5위 100법으로 분류할 수 있을 뿐 존재는 모두 가유(假有)적인 존재임을 주장한다.

마음[心王]과 마음의 작용[心所], 물질 등의 감각 대상[色法], 시간이나 언어 등 물질이나 마음에도 상응하지 않는 것[心不相應法], 생멸변화하지 않는 것[無爲法]의 5위를 다시 세분하여 100가지로 세분하는 체계가 유식이다.

이 책은 대승불교의 기초학인 유식철학을 탐색한다. 유식은 자아철학이요 심식철학이다. 요가 수행을 통해 인식을 바꾸어 지혜를 얻는 체계이다. 그러한 인식이 이 책에는 조직적으로 짜여져 있다. 『유식철학』은 서론과 본론의 전5장으로 얼개지어 있다. 서론의 제1장은 「유식사상의 흥기와 그 발달의 개관」

을, 본론의 제1장은 「제법의 분류론」을, 제2장은 「유식연기론」을, 제3장은 「유정의 생사유전론」 을, 제4장은 「실천수행론」으로 구성되어 있다.

본론 첫장에서는 먼저 제법을 5위 100법으로 분류한다. 이어서 존재를 구성하는 다섯 가지 요소[五蘊]와 나의 행위를 매개로 하는 열 두 가지의 문[十二處], 열 여덟 가지의 영역[十八界]과 삼성과 유루(有漏)와 무루(無漏)의 분별, 인과론에서는 4연(緣)과 5과(果)설에 이어 종자설을 설명한다. 제2장에서는 만법유식설과 전식론, 제법공유론(諸法空有論)과 이제설(二諦說)에 대해 치밀하게 논의한다. 제3장에서는 3업 등의 설과 3종 훈습설, 2종 생사설, 생사 근원으로서의 혹장설(惑障說), 생사 상속설을 언급하며, 제4장에서는 수도(修道)의 기류설(機類說)과 위계(位階)에 대해 촘촘하게 그물을 짜고 있다.

이 책의 구성상 특이한 것은 결론이 없다는 것이다. 이것은 저자가 아직 자신의 학문이 다 영글지 못했다는 겸손의 표현일 수도 있고, 또 모든 논의는 서론과 본론을 통해서 이미 다 말했으므로 결론은 독자의 생각에 맡기겠다는 것일 수도 있다.

뇌허는 일찍이 상주 남장사로 출가하고 일본 입정대의 전문부와 학부에서 종교학을 공부한 뒤 그곳에서 교편을 잡았었다. 그 시대 지식인들이 그러했듯이 국내로 돌아온 뇌허는 오산불교학교의 교장으로 취임하였고 뒤이어 혜화전문학교의 강사를 거쳐 동국대학의 교수가 되어 많은 저술을 남겼다. 그는 한국

현대불교학연구의 황무지나 다름없던 그 시절에 해외유학을 마치고 돌아와 불교학의 교과과정을 정립하고 거기에 맞게 체계적으로 저술작업을 진행했다.

『불교독본』 상하(1952; 1958)로부터 시작된 그의 집필은 『불교학개론』(1958)의 간행 이후 본격적으로 전개된다. 불교 전 분야에 거쳐 저술 작업을 했던 그의 열정은 사후에 간행된 『한국불교사상의 좌표』(1984)를 통해 정리된다.

구한말에 태어난 1세대 학자로서 출가수행과 해외유학의 경험을 통해 온축되었던 그의 불교이해는 이후 한국학 연구자들과 불교학자들에게 많은 영향을 끼쳤다. 우리 학계의 풍토는 아직도 원효나 지눌에 집중되어 있다. 그러나 우리는 오늘을 살고 있다는 현실을 잊어서는 안된다. 우리가 우리 분야에서 당대에 살아있는 인물이거나 당대와 가장 가까운 시대에 살았던 사람을 내 삶의 한 전형으로 내세울 때에야 비로소 그의 전 에너지를 흡수할 가능성이 가장 크다. 20세기를 살아가는 우리들의 모범적인 텍스트는 금세기 인물이 보여준 삶과 생각이 될 수밖에 없다.

저 중원의 학계를 뒤흔든 승랑(5세기), 문아(서명 원측, 7세기), 무상(정중종 개종, 8세기), 의통(10세기 고려인으로서 중국 천태종 16조가 됨) 등은 우리의 고전적 텍스트로서 살아있지만, 우리에게 현대적 텍스트는 뇌허 김동화와 같은 시대에 살았던 인물들일 수밖에 없다. 우리는 고전에 대한 탐구에는 집중할 줄 알지만 현대의 고전을 만드는 데에는 인색하다. 원효 불학 연구만이 아니라 뇌허 불학 연구가 절실히 필요한 시대에 우리는 살고 있다. 우리는 현대에 살고 있다.

아직도 덜 지은 소리명창의 시집

『미당 서정주 시 전집』 1, 2, 3
(민음사, 1992; 1994; 1995)

『미당 서정주 시전집』 1·2·3을 읽었다. 지난 세기 한국의 최고 시인. 그의 시력은 "한국문학도 이제는 '작가'를 가지게 되었다"는 명제를 만들어내게 했다. 미당이 2000년에 작고하기까지 현역시인으로서 왕성한 작품을 양산해내면서 타계한 것은 경이로운 일이다.

미당의 타계 직전 나이 팔십 육세. 시단 이력만도 육십 오년이다. 미당은 살아서도 '스물, 서른의 젊은 나이에 픽픽 쓰러진 <슬픈 천명(天命)>들이 부지기수였던 척박한 터전에서, 그리고 평균 수명이 아직도 70을 밑도는 고단한 터수에, 그는 80년의 풍상을 이겨내고 다시 여생 40년을 벼르고 있다'(유종호)는 평가를 받았다.

이 대목에서 작가는 모름지기 장수하면서 자기세계를 구축해야 한다는 미당의 지론을 훔쳐볼 수 있을 것 같다. 얼마 전 타계한 평생의 문학적 도반(길동무)인 동리 김시종의 1주기를 맞아 묘비명에 새긴 미당의 헌사는 그가 태생적으로 시인이었음을 잘 보여주고 있다.

> 무슨 일에서건 지고는 못 견디던 한국 문인중의 가장 큰 욕심꾸러기
> 어여쁜 것 앞에서는 매양 몸살을 앓던 탐미파 중의 탐미파
> 신라 망한 뒤의 폐도에 떠오른 기묘하게는 아름다운 무지개여
>
> 1996. 6. 1. 미당

말년을 병상에서 앓으면서 떠나간 동리에 비하면 미당의 건강은 타고난 듯하다. 아무리 뛰어난 작가라도 요절했다면 그의 작품이 풍기는 에너지는 약화될 수밖에 없을 것이다. 내가 그를 읽고 있는 이 시간에도 미당은 시를 쓰고 있다는 '놀라운' 현실 때문에 이 『시전집』으로는 그를 다 읽을 수 없다는 두려움이 내게는 있다. 그러나 그는 살아있을 때부터 이미 시사적 평가의 세례를 이 땅의 어느 시인보다도 풍부하게 받았다.

새로운 시집을 낼 때마다 늘 새로운 세계를 만들어냈던 그의 시력을 거꾸로 살펴보자. 가장 최근에 낸 제14시집 『늙은 떠돌이의 시』(1993), 제13시집 『산시』(1991), 제12시집 『팔할이 바람』(1988), 제11시집 『노래』(1984), 제10시집 『안 잊히는 일들』

(1983), 제9시집 『학이 울고 간 날들의 시』(1982), 제8시집 『서으로 가는 달처럼...』(1980), 제7시집 『떠돌이의 시』(1976), 제6시집 『질마재 신화』 (1975), 제5시집 『동천』(1968), 제4시집 『신라초』(1960), 제3시집 『서정주시선』(1955), 제2시집 『귀촉도』(1946), 제1시집 『화사집』(1941)이 그의 시집들이다. 이 3권의 전집에는 위의 열 네 권의 시집이 실려있다. 1－9시집이 제1권(1983)에, 10－13시집은 제2권(1991)에, 14시집과 11, 13시집이 재수록된 제3권(1994)으로 되어 있다. 이 세 권에 실린 그의 시력은 『시전집』 3권 1300여면(중복 시편 제외)에 851편의 시가 수놓여져 있다.

흔히 미당을 얘기할 때마다 나오는 평자들의 레토릭은 미당을 닮아있다. 초기시(『화사집』, 『귀촉도』)에 대한 긍정적 시각과 중기시(『서정주시선』, 『신라초』, 『동천』)에 대한 부정적 시각을 보면 한 시인이 당대에 이렇게 극단적으로 평가받을 수 있다는 것이 부러울 정도다. 미당시의 전체적 평가는 지면이 모자랄 정도이다. '미당시의 대담성은 은유적 사고의 대담성에 연유'(김종길)하며, '말을 다루는 솜씨로 보아 그는 시인 가운데 시인'(김용직)이라 칭송받는다. 심지어는 '부족방언의 요술사이자 이 나라 시인부락의 족장'(유종호), '언어의 정부(政府)'(고은), '예나 지금이나 가장 높은 봉우리가 있다고 믿는 한국 제일의 시인'(박재삼), '우리나라에서 한 생애를 이룩한 거의 유일한 시인'(천이두)이라 회자된다. 또 '우리말을 다루는 솜씨에 있어서 다른 이의 추종을 불허'(김재홍)하며, '의미 이전에 언어의 황홀한 율동에 넋을 잃도록 만드는 향기와 소리와 움직임이 자리잡고 있으며'(이남호), '우리말의 아름다움을 뽐내는 경염장'(競艶場)이자 '우리말의 결과 무늬와 음색을 만끽할 수 있는 향연장'(권오만)이라는 평가를 통해 알 수 있는 것처럼 그가 우리 현대 시사에 끼친 공적은 놀랍다.

그러나 그의 시에 대한 비판도 만만치 않다. 물론 이러한 비판은 그에 대한 애정 위에서 가해진다. 미당의 중기시에 대해 '그가 보여준 무속적 세계란 일종의 접신술이거나 영매(靈媒)에 지나지 않으며'(김종길), '그의 종교적인 평속적인 입장은 현실 감각을 마비시키고 경험과 존재의 모순과 분열을 적당히 덮어 버리는 일원적 감상주의로 후퇴하고 만 것'(김우창)이며, '한 사회가 발생시키는 바람직한 갈등으로부터 눈을 돌림으로써 사회관의 한계를 드러내며, 화중생(化衆生)의 교훈을 던져버리고 구보리(求菩提)의 소승도(小乘道)를 고수'(김인환)했다고 하는가 하면, '갈등의 무화, 일원론적 세계관, 관념론적 전통 혹은 개인의 의식 속으로 퇴행한 시편들'(이승훈)이라는 혹독한 비판이 던져진다. 허나 미당의 중기시에 대한 긍정적 시각도 만만치 않다.

미당시는 '윤회의 수레바퀴에서 연유되는 시적 비전의 소산이며, 마침내 고전적인 절제의 경지를 이룩한 엄청난 변모를 반영'(천이두)했으며, '상승'(김재홍) 및 '뛰어난 미적 감수성과 우리의 언어를 다듬는 놀랄만한 형상력으로써 정신과 예술의 고도화, 유연화, 투명화를 구현하는 작업에 몰두했다'(권오만)는 긍정적 평가가 있다. 같은 작품을 놓고 이렇게 다른 평가를 받을 수 있다는 것은 그의 시가 지닌 상상력의 진폭이 얼마나 넓은가를 엿보게 해 준다.

한국인들에게 가장 많은 암송시를 주고 간 시인!

'불과 시계를 나란히 죽이고'의 「벽」(1936)으로부터 '다라나거라. 저놈의 대가리!'의 「화사」, '나를 키운 건 팔할이 바람이다'는 「자화상」, '보리밭에 달뜨면 애기 하나 먹고'의 「문둥이」(이상 『화사집』)를 거쳐 '구비 구비 은핫물 목이 젖은 새'의 『귀촉도』, '한 송이 국화꽃을 피우기 위해'의 『국화 옆에서』(『서정주시선』), '문 열어라 꽃아'의 「꽃밭의 독백」(『신라초』), '동지 섣달 날으는 매서운 새'의 『동천』을 거쳐 신화를 현실화하고 현실을 신화화하는 『질마재 신화』, 그리고 『떠돌이의 시』에 이르기까지 그의 시는 한국현대사와 맞물려 득음의 경지를 맛보고 있다.

득음이란 무엇인가? '귀명창이 있어야 소리명창이 있다'는 말처럼 한국인들은 미당시를 알아들을 귀의 '득음'을 했을까? 미당은 소리의 소리를 얻는 득음의 경계를 넘어버린 것일까? 작고 직전까지 그는 관악산 밑 사당동 봉산산방에서 아침마다 전 세계 일천 육백 이십 오개의 산 이름을 외우며 기억력의 '득음'을 보여주었다. 그가 말년에 쓴 「아내의 손톱을 깎아주며」나 '안동의 어머니 할머니들이 이슬을 따 모아서 만들었다'고 파악한 최근시「안동소주」의 에스프리는 유니크하다. 이빨 속에서 자근자근 씹히는 장안의 안주감처럼 언제나 그의 시는 내 혀 속에서 녹는다. 6대륙의 산까지도 상상력을 매개하여 이미지화하는 그이기에 미당의 완벽성은 많은 시인들을 절망하게 하였다.

나는 보성고등학교 문예반을 마치면서 졸업논문으로「미당 서정주론」(80매)을 교지『보성』(1982. 2)에 발표했었다. 그 이후 문학청년시절 나는 각종 문예지에 미당시가 나오지 않으면 잡지가 잡지 같아 보이지 않기까지 한 적이 있을 정도로 미당시에 경도되었던 적이 있었다. 그 누가 시(詩)를 언어[言]의 관청[寺]이자 창고라 했던가? 나는 시가 '생각에 삿됨이 없는 것'[思無邪]이라는 공자의 말에 현혹되어 오늘도 시의 문전을 얼씬거리며 시를 쓰고 있다. 시를 쓰면서 미당시 앞에서 나는 늘 절망한다. 동시에 전율의 자극을 느낀다. 초기시의 온몸에서 우러나는 피냄새와 이슬방울로부터 후기시의 귀기(鬼氣) 어린 웃음까지에서 말이다.

우리 시대의 살아있는 고전인 미당시. 도잠과 이백과 미당을 비교한 평자(허세욱)도 있지만 미당(未堂)은 아직도 집을 다 짓지 못했다는 겸손한 아호로 작고 직전까지 열심히 시의 집, 존재의 집, 신화의 집을 지었다. 그의 장수가 곧 이 나라 시문학사의 장수가 될 것임을 의심하지 않는다. 한국의 노벨문학상 0번 후보였던 미당. 결국 그는 노벨문학상을 받지 못하고 세상을 떠났지만 그의 시는 노벨문학상의 권위를 능가한다고 나는 생각한다. 나는 아직도 그를 다 읽을 수 없어 절망하는 시인이다.

이제 미당은 떠났고 노벨상의 후보로 거론되지도 않는다. 하지만 그가 여전히 한국 현대시의 태산이라는 사실을 인정하는 것에 주저하는 사람은 많지 않은 것 같다. 그는 젊은 시절에 항일운동을 하다가 중앙중학교에서 퇴학처분을 당하기도 하였다. 그리고 이승만 전기도 썼다. 말년에 미당은 일제 말기 친일한 것에 대해 "일본이 이렇게 빨리 항복할 줄은 몰랐다"고 했다. 이러한 변명은 세상 물정 모르는 한 시인의 소박하고 순수한 면모를 보여주는 듯해서 차라리 안쓰럽다고 아니 할 수 없다.

또 1980년에 제5공화국을 열고 대통령에 취임한 전두환 장군에 대해 "전 대통령의 미소는 단군이 봐도 흐뭇하겠다"라는 시적 발언은 부도덕한 집권자에 대한 찬탄이기에 앞서 대단히 문학적이다라는 점에서 놀랍다고 할 수 있다. 그렇다면 많은 논란에도 불구하고 2001년 ≪중앙일보≫가 제정한 미당문학상이 가장 권위 있는 한국의 시인상으로 유지되고 있는 이 현실을 우리는 어떻게 설명해야 하는가. 과연 미당의 작품과 미당의 행위를 각기 분리해서 보아야 하는가. 아니면 그의 친일 행위를 통해 그의 작품조차 비판적으로 검토해야 하는가. 이러한 난문은 이 시대를 사는 우리에게 여전히 숙제가 아닐 수 없다.

변하는 역사 속에 변하지 않는 신념의 뼈와 살

조지훈의 『지조론』
(나남출판, 1996)

지훈(芝薰) 조동탁(1920~1968)의 사자후인 『지조론』을 읽었다. 지훈은 언제 만나도 전아(典雅)한 품격을 지니고 있다. 그의 글 곳곳에서 배어나는 고전적 향취, 지사적 신념은 남다르다. 한 인간을 읽는 데는 글만 가지고 안될 때가 있다. 왜냐하면 글이라는 형식 자체가 그의 말과 냄새를 다 담을 수는 없기 때문이다. 그에 관한 다수의 일화가 구전으로 전해오지만, 그와 당대를 같이 살지 못한 나는 그의 글에 의존할 수밖에 없다.

지훈은 시인이자 학자요 선비(지사)로 알려져 있다. 그의 사후 10년에 간행된 『조지훈연구』에는 시론, 학문론, 인간론의 세 측면으로 다루고 있다. 한 인물의 평가는 그의 사후가 적당하다. 어떠한 포폄도 당대보다는 그가 세상을 떠나고 난 뒤에라야 자유롭기 때문이다. 물론 그 주인공이 세상을 떠났다고 하더라도 후손들의 시선을 의식하지 않을 수는 없다. 하지만 그것도 당대보다는 자유로운 것이 분명하다.

지훈은 시인으로 널리 알려져 있다. 약관도 되지 않은 19세의 나이에 첫 추천을 받은 작품이 그의 대표작의 하나가 되었으니 실로 그의 조숙함과 천재성이 놀라웁다. '시인으로서의 나이'인 시랍(詩臘)이 약 30여 년에 지나지 않지만 그가 남긴 250여 편 남짓의 시편은 한국현대시사에 한 봉우리를 형성하고 있다. 그의 생애 후반에는 시인으로서의 지훈보다는 학자로서의 지훈이 더 돋보였다. 순수한 역사학적 업적인 『한국민족운동사』나 『한국문화사서설』과 『지조론』 등의 여러 저술에서 그는 역사학자, 국문학자, 지사로서의 품격을 보여주고 있다.

우리 문화에 대한 깊은 애정을 지녔던 그는 「전통의 현대적 의의」라는 글에서 "한국문화란 한국의 성격이요, 그 내용은 인류 공동의 세계문화다. 한국문화－민족문화는 세계문화 안의 한국적 양식의 발견과 형성에 있는 것이지, 한국 특유 고립의 것만으로 이루어질 수는 없는 것이다"고 정의하고 있다. 즉 한국문화를 한국의 '성격'이요, 한국적인 '양식'이라 하고 '인류 공동의 세계문화'라고 적확하게 표현하고 있다.

『지조론』은 처음 『역사와 문화』(1966)라는 이름으로 간행되었다. 그러다가 '변하는 역사 속에 변하지 않는 신념'을 나타내기 위해 이 책 안에 들어있는 글 「지조론」을 책제목으로 내세웠다. 첫판은 정음사의 정음문고 48권으로 간행되었다(1974). 그러다가 『조지훈전집』(현암사)이 출간되었다. 절판된 『조지훈전집』(나남)이 새옷을 입고 최근(1996년) 11책으로 다시 복간되었다. 9책은 『조지훈전집』의 본체이고 나머지 두 권은 이후에 발견된 것들과 연구서를 모은 별집이다. 『지조론』은 이 전집의 제5책에 들어있다.

지훈은 시에 못지않게 많은 수필을 남겼다. 『돌의 미학』이라든가 『시인의 눈』은 그의 대표작들이다. 그를 시인, 학자, 지사라는 칭호에다 수필가라는 직함을 하나 더 붙여야 될 정도로 그의 수필은 '지성의 향기'를 머금고 있다. 이 책의 머리말에는 "'지도적 평필'이 빈곤한 시대에 때에 따르거나[隨時] 일에 따라[隨事] 쓴 수필비평집이기 때문에 평이하고 상식적으로 이루어진 것들"이라는 저자의 겸사가 있지만, "기본적이고 상식적인 것이 엄폐되는 시대, 박해받는 시대이기에 나는 그것을 재인식하고 증거하려고 붓을 들었고, 그러한 의욕과 논거에 대한 신념은 이 책 전편에 일관되어 있으며 그것은 지금도 변함이 없다"고 역설하고 있다.

시대가 바뀌고 있지만 그 속에서도 '변하지 않은 것은 나의 신념뿐'이라는 저자의 일이관지(一以貫之)는 이 책 전편에 흐르고 있는 명제이자 독자에게 암시하는 코드이다. 이 책은 "선비의 도"(10편), "혁명에 부치는 글"(8편), "민족의 길"(11편)의 3부로 구성되어 있다. 3부의 모든 글들은 이승만 자유당 정부의 부패가 만연하던 시대에 씌어진 글들이다. 때문에 '격동기 지성인의 포효'가 뭉클하게 배어있다.

책의 제목이 된 「지조론」은 제1부인 "선비의 도"에 들어있는 문장이다. 이 글 바로 뒤에는 「선비의 직언」(격동기 지성인의 사명)이 실려있어 「지조론」의 여운을 받쳐주고 있다. 3·15 부정선거를 겪고나서 쓴 글이라 공분(公憤)이 짙게 배어있는 글이지만, 공분이 없다면 어디 선비이겠는가?

이 책의 첫 번째 글로 실려있는 「지성과 문화」는 '전환기의 지성을 위하여'라는 부제가 달려있는 문장이다. 그는 지성과 문화는 떨어질 수 없는 관계에 있다고 전제하면서 현대의 지성은 합리성과 비합리성을 새로운 각도에서 통일하지 않으면 안 된다고 힘주어 말한다. 그러면서 지성은 정열, 즉 파토스와 통일해야만 지성의 자기 편중, 자기 경향화를 극복하고 자기의 근원에 돌아갈 수 있다고 말한다. 또 현대의 지성은 생활 체험과 통일되어야 하며, 그 시대 생활자의 현실적 직관, 그것은 이미 생활로서 성립되어 있어야만 한다고 말하고 있다.

그는 "문화의 재건은 지성의 재건에서, 지성의 재건은 철학의 재건에서 비롯된다"고 전제하고 "우리는 지성과 문화라는 논제가 하나의 새로운 철학, 또는 생활 원리를 기대함으로써 자신을 불안과 위기에서 구출해 주기를 기다리는 심정"이니 '진실한 지성을 탈환하라'고 힘주어 말하고 있다.

그의 대표적 문장인「지조론」은 '변절자를 위하여'라는 부제가 붙어있다. "지조가 교양인의 위의(威儀)를 위하여 얼마나 값지고, 그것이 국민의 교화에 미치는 힘이 얼마나 크며, 따라서 지조를 지키기 위한 괴로움이 얼마나 가혹한가를 헤아리는 사람들은 한 나라의 지도자를 평가하는 기준으로서 먼저 그 지조의 강도(强度)를 살피려 한다"고 하면서 "지조가 없는 지도자는 믿을 수가 없고, 믿을 수 없는 지도자는 따를 수가 없기 때문"이라고 말하고 있다.

지조는 '순일(純一)한 정신을 지키기 위한 불타는 신념이요, 눈물겨운 정성이며, 냉철한 확집(確執)이요, 고귀한 투쟁이기까지 하다'고 지훈은 말하지만, 지성의 상징이라는 상아탑 안에는 학자적 지조와 정조를 헌신짝처럼 내던지고 보직(권력)을 얻기 위해 온갖 술수가 난무하는 아수라장이 우리의 대학판이다. 보직을 얻은 자와 얻지 못한 자의 갈등관계는 인간관계를 파탄시켜 학자적 본분은 찾아볼래야 찾아볼 수가 없다. 이래가지고서야 어찌 어린 제자들 앞에 설 수 있겠는가? 무엇을 가르칠 수 있겠는가?

한 단체나 한 모임의 지도자가 되려면 그 단체인들에게 무언가를 줄 수 있어야만 한다. 그것이 물질적 혜택이든 정신적 영양이든 어떠한 것이 베풀어져야만 그 조직이 유지될 수 있다. 정신적 영양은 그 지도자의 인격과 품격에서 비롯된다. 한 단체를 유지하는 것은 그 단체의 이데올로기만이 아니다. 지도자의 격조와 인품이 바로 유지의 힘이고 자산이다.

지훈은 이렇게 말한다. "지조를 지키기란 참으로 어려운 일이다. 자기의 신념에 어긋날 때면 목숨을 걸어 항거하여 타협하지 않고 부정과 불의한 권력 앞에는 최저의 생활, 최악의 곤욕(困辱)을 무릅쓸 각오가 없으면 선불리 지조를 입에 담아서는 안 된다. 정신의 자존(自尊), 자시(自恃)를 위해서는 자학(自虐)과도 같은 생활을 견디는 힘이 없이는 지조는 지켜지지 않는다. 그러므로 지조의 매운 향기를 지닌 분들은 심한 고집과 기벽(奇癖)까지도 지녔던 것이다."

'나는 세간과 더불어 싸우지 않는데 세간이 나와 더불어 싸운다'는 붇다의 말을 되새기며, 무소의 뿔처럼 혼자서 간다는 것! 이것이 문제로다!

추사 김정희는 제주도에 유배되어 「세한도」(歲寒圖)를 그렸다. 세한도란 무엇인가? 세상의 거친 세파(겨울의 寒氣)를 무릅쓰고도 올곧은 기개와 절개를 지키며 서있는 소나무 · 잣나무를 통해 지조와 정조를 저자거리에 손쉽게 내던져 버리는 권력(보직)의 화신들에게 일갈하고 있는 그림이다. 그야말로 동양의 선비정신이 뭉게뭉게 타오르는 문인화의 백미이다. 나는 추사가 세한도를 그린 단산에 서서 「신세한도」라는 시를 지었다.

> 대정(大靜) 향교 대성전 앞마당엔 소나무 한 그루가 겨울을 버티고 서
> 있었다 굽히되 꺾이지 않는 탄력이 붙은 늘푸른 나무, 마당 너머 섬돌

> 아래선 진사과 생원과 학동들의 기숙사 동재 서재가 나란히 마주보고 서 있었다. 수신 독행 박학 진심방에서는 공부자(孔夫子)의 후손들이 웅얼웅얼 몸을 닦았고 마루 아래서는 삽살개 한 마리가 또 그 소리를 웅얼웅얼 받아넘기고 있었다. 구비구비 메아리를 넘겨받은 단산(壇山) 능선 위에서는 유배 온 완당(阮堂) 김정희가 가파도와 마라도 사이를 오락가락 넘나드는 정치판 철새들을 매운 회초리로 내려치며 세한도 한 폭을 그리고 있었다.

지훈은 '자기 신념으로 일관한 사람은 변절자가 아니다'라고 하면서 '병자호란 때 남한산성의 치욕에 김상헌(金尙獻)이 찢은 항서(降書)를 도로 주워 모은 주화파(主和波) 최명길(崔鳴吉)은 당시 민족정기의 맹렬한 공격을 받았으나 심양(瀋陽)의 감옥에 김상헌과 같이 갇히어 오해를 풀었다'는 일화로 덧붙이고 있다. 또 '민족 전체의 일을 위하여 몸소 치욕을 무릅쓴 업적이 있을 때는 변절자로 욕하지 않는다'고 말하면서 그 예로 '<조선어학회>가 <국민총력연맹 조선어학회지부>의 간판을 붙인 것을 욕하는 사람은 없었다'고 들고 있다. 어떤 눈으로 역사를 볼 것인가?

저자는 "변절이란 무엇인가. 절개를 바꾸는 것, 곧 자기가 심신으로 이미 신념하고 표방했던 자리에서 방향을 바꾸는 것이다. 그러므로 사람이 철이 들어서 세워 놓은 주체의 자세를 뒤집는 것은 모두 다 넓은 의미의 변절이다. 그러나 사람들이 욕하는 변절은 개과천선(改過遷善)의 변절이 아니고 좋고 바른 데서 나쁜 방향으로 바꾸는 변절을 변절이라 한다"고 말한다.

지훈은 "지조는 어느 때나 선비의, 교양인의, 지도자의 생명이다. 이러한 사람들이 지조를 잃고 변절한다는 것은 스스로 그 자임(自任)하는 바를 포기하는 것이다"고 「지조론」을 마무리하고 있다. 우리에게 지조란 무엇인가? 정조란 무엇인가? 나는 어떻게 살 것인가?

우촌(尤村)거사가 쓴 재가인을 위한 경전

원의범의 『알게 모르고 모르게 알고』
(시공사, 1995)

'손의 철학자'로 알려진 우촌 원의범의 『알게 모르고 모르게 알고』를 읽었다. 안다는 것은 무엇이고 모른다는 것은 무엇인가? 알 듯 하면 모르고 모를 듯하면 알 수 있을 것 같은 특이한 제목의 책이다. 모든 책은 제목을 보면 안다. 제목 안에 모든 것이 들어있다.

앎과 모름의 차이는 어디에 있는가? 깨달음과 무지는 종이 한 장 차이일까? 언어의 상대주의를 넘어서기 위해서 우리는 어떻게 해야만 하는가?

우리는 '오늘 여기'에 살고 있다. 온갖 죽임과 살림이 어우러진 세상의 한복판. 상대적 가치가 뒤섞여 있는 시정. 이곳은 출세간이 아니라 흙탕물이 튀어오르는 세간이다. 이 세간에서 우리는 어떻게 살 것인가? 저 유마거사는 "중생이 앓으므로 보살이 앓는다"고 했다. 그리고 "중생의 병이 다 나아야 비로소 보살의 병도 낫는다"고 했다. 그러면서 그는 "그 병은 바로 보살의 대비심에서 비롯되었다"고 했다.

현실적 인간들이 사는 이 터전에서 보살행은 어떻게 이루어질 수 있는가? 나를 넘어선다는 것, 나의 삶의 울타리를 넘어서 남의 삶의 고통에 동참한다는 것은 연기(緣起)에 대한 깊은 통찰이 없이는 이루어 질 수 없는 것이다. 연기란 무엇인가? 나의 존재를 연(緣, 조건)이라는 타자를 통해 규정하는 원리이다. 즉 타자와의 어떠한 관계를 부정하는 존재는 없다는 것이다. 모든 사물은 그것이 있기까지의 무수한 인연의 그물을 통해서 비로소 존재하는 것이다. 그러므로 연기는 관계가 부정된 어떠한 고정성의 나[我]는 존재할 수 없음을 일깨워주는 원리이며, 보살은 그러한 원리에 대한 사무친 통찰을 통해 새롭게 태어난 인간이다. 동체대비! 내 열 손가락 어느 것을 깨물어도 아프지 않은 것이 어디 있으랴?

그렇다면 이 연기는 좀더 구체적으로 해석될 필요가 있다. '이것이 있으므로 저것이 있고, 저것이 사라지므로 이것이 사라진다'는 연기 공식에 의해서만 해석할 것이 아니다. 연기를 좀 더 적극적으로 해명하여야 한다. 즉 연기는 A와 B라는 사물 사이의 물리적 이동관계에 의한 설명만이 아니라 인식론적 사태의 전이까지 포괄적으로 설명해 내는 것이다. 그것은 곧 "나의 욕망 공간의 확장이 남의 욕망 공간에 대한 장애(희생)를 최소화(현실적 인간) 내지 무화(보살적 인간)시키는 인식 전회의 틀"이라는 심리적 공간 점유의 원리로까지 설명될 수 있는 것이다. 이것을 나는 연기 패러다임이라고 부른다.

우촌 원의범의 『알게 모르고 모르게 알고』는 내 인식 진폭의 운용에 탄력과 통찰을 주었다. 이 책에서 저자는 언어와 논리가 머금고 있는 이가(二價)논리 위에서 자신의 생각을 전개해 보인다. 거기에는 칠순을 훨씬 넘긴(74세) 저자의 인간과 세계에 대한 광범위한 통찰이 배어 있다. 즉 어떠한 이변(二邊)에도 쉽게 떨어지지 않는 '경설'(?)이 펼쳐지고 있다. 저자는 "변증적 파기"라는 자신 특유의 논법 위에서 이것을 풀어내고 있다.

이 책은 재가인을 위한 경전이다. 저자 역시 재가인이다. 재가인은 출가인과 상대되는 개념이 아니다. 재가든 출가든 모두 집(언어 또는 삶의 공간)을 매개로 한다. 출가인은 집이 있는 곳[信家, 正信]에서 집이 없는 곳[非家]으로 나아간[出家] 사람이지만, 재가는 언제나 우리들의 삶의 무대인 "집"을 중심으로 생각하는 사람이다.

출가에는 몸의 출가[身出家]와 마음의 출가[心出家]가 있다. 몸의 출가는 머리카락과 수염을 자르고 수행자의 옷을 입고 집이 있는 곳에서 집이 없는 곳으로 나아가 수행하는 사람이지만, 마음의 출가는 출가자 뿐만 아니라 재가자도 동참할 수 있는 출가의 형식이다. 인도의 유마거사가 그렇고, 중국의 방거사, 한국의 소성(원효)거사와 부설거사가 그러한 사람들이다.

그렇다면 세간은 무엇인가? 우리가 일반적으로 세간이라고 할 때 그 세간의 주요무대는 집이다. 집을 떠남을 출세간이라고 한다면 수행자들이 궁극적으로 회향하는 길은 입세간(출출세간)을 통한 보살행이 아닌가? 그러할 때 궁극적으로 종교가 추구하는 공간은 저 언덕이 아니라 이곳, 즉 우리들의 집이 있는 바로 이 공간일 수밖에 없다.

그러면 집이란 무엇인가? 집은 식구들이 모여사는 작은 사회이다. 입들의 모임인 식구는 혈연적으로는 피를 나눈 가족(집의 족속)으로 표현되며, 가족들이 모여사는 공간은 가정(집의 뜰)으로 표현된다. 보살은 건강한 사회(정토)를 만드는 것을 업으로 하는 존재이다. 그러므로 정토는 저 10만억 거리를 지나 있는 것이 아니라 오늘 여기, 우리들이 사는 이곳을 정토로 만들어야 하는 것이 아닌가? 그렇다면 우리가 살아가는 삶의 목표 또는 참다운 삶의 공간은 우리의 몸뚱어리가 서 있는 이곳일 수밖에 없다.

저자는 「서」(머리말)에서 "말을 하자면 말은 한이 없다. 모를 때에는 이미 아는 게 있고, 알 때에는 이미 모르는 게 있다"고 전제하고 재가인을 위한 이 시대의 "경전"을 만들어 내고 있다. 저자는 "미안한 말씀입니다만 아신다면 안 읽으셔도 아시고 모르신다면 읽어도 모르실 책이 이 책입니다"라고 「서」의 끝부분에서 정문일침(頂門一鍼)을 가한다. 이 책은 "태어나면 죽는다 / 생일을 알고 있나 믿고 있나"(1송)로 「서품」을 시작하면서 1700송의 "현칙"(現則, 古則의 상대어)을 세워내고 있다.

저자의 화법은 매우 독특하다. 그의 독창적인 논문 「불타의 변증적 파기법」에서 밝힌 바와 같이, '이다'와 '아니다'라는 삶의 두 구도 위에서 그는 독자들로 하여금 "~다"의 명제를 통해 두 구도를 넘어서게 한다. 그리고 선기(禪氣)가 넘치는 문자반야의 안목을 가지고 활인검을 휘두르게 한다. 또 그 맥락 위에서만 어떠한 선택을 하게 한다. 우리는 어떠한 선택을 할 것인가?

그는 "대답은 간단할수록 확실하다"(344송)고 하면서 수행자의 제일의 화두인 "생사문제"를 매개로 비수같은 칼날을 우리에게 던진다. "깨어서 죽을까 꿈에서 영생할까"(29송), "아름다운 여우에 홀려서 백 년을 살까 / 못생긴 아내와 1년을 살까 / 아름다운 꿈이면 잠만 자도 좋겠지"(24송).

보드히삿뜨바(보살)는 깨닫기(상구보리)와 나누기(하화중생)를 존재의 이유로 삼는 이상적 인간형이다. 보살적 삶을 지향하는 이에게 저자는 어떠한 공안을 던질까? 그는 "나누어 먹으면 자비 / 잘 씹어 먹으면 지혜 / 힘이 나면 열반"(6송)이라는 비수를 던진다. 모든 먹거리는 '나누어 먹고' '잘 씹어 먹어' '힘이 나야'만 궁극적으로 열반에 들 수 있는 것이다. 잘 먹는 것이 힘이다! 발심(깨닫기, 지혜)과 서원(나누기, 자비)이라는 두 축의 회통에서 우러나오는 힘! 그 힘에서 열반은 성취되는 것이다.

그것을 저자는 체와 용, 존재와 인식의 축을 통해 풀어낸다. 저자는 본디 체와 용이 둘이 아님을 "소는 죽었어도 / 고기는 살아 있고"(65송)로 표현해 내며, 존재와 인식의 문제를 "'어떻게'는 눈으로 풀고 / '왜'는 마음으로 풀어야"(252) 한다고 말한다. 그래서 "잘못하면 중생 / 안하면 나한 / 잘못하였어도 고치면 보살 / 언제나 잘하면 부처"(336송)라고 점수(漸修)의 할(喝)을 토해낸다. 그러면서도 아상 · 인상 · 중생상 · 수자상의 사상(四相)을 여의기 위해서는 "모두 다 버리고 가는 곳이 절이라면 / 절도 없어야"(357송) 한다고 돈오(頓悟)의 비수로 옆구리를 쿡 찌른다. 거기에다가 "부처의 말 아닌 게 없었더라면 / 부처의 말은 말이 되었겠는가"(422송), 또 "염화시중에 가섭은 / 꽃보고 웃지 않았다 / 빈 손 들었어도 웃었다"(550송)로 그로기 상태에 빠진 독자들에게 마무리 원투 펀치를 더 먹인다. 그야말로 백척간두진일보(百尺竿頭進一步)이다.

언어란 무엇인가? 언어의 한계란 있는 것인가? 여기에 대해 그는 명쾌하게 답한다. "'이다'와 '아니다'는 '다'의 두 끝 / '있다'와 '없다'도 '다'의 두 끝"(462송). 모든 문장은 '다'로 끝난다. 그것이 도치가 되었든, 어미가 의문으로 처리되었든, 그 밖의 어떠한 형태로 끝이 났든, 그 의미 맥락은 긍정(이다) 또는 부정(아니다)인 "~다"라는 어떠한 하나의 완결성을 갖는다. 허나 바로 여기에 언어의 한계가 있다. 동시에 언어의 극복의 길이 있다. 저자는 '붇다의 변증적 파기법'을 원용하여 이다(긍정)와 아니다

(부정)라는 이항대립의 구도에서 "~다"라는 회통의 길, 즉 인식의 휴지(휴식)상태 내지는 새로운 발상 전환의 계기를 제공한다.

이 책 자체가 재가인의 실정을 촌철살인과 같은 경구(警句)로 경전화한 것이듯, 용돈을 달라며 부모를 죽인 '박한상군 사건'에 대해 20송(916~935송)이나 되는 장행의 송을 할애하는가 하면, 영화 '서편제'(1461송)에 대해서는 딸에게 약을 먹인 애비에 대해 '도덕'과 '예술'의 갈등을 화두로 제시한다.

그러면서도 이 1,700송의 "현칙"은 현실적 인간들에게 주는 화두답게 미리 어떠한 답을 제시하지는 않는다. 그것은 의문형 또는 수립과 타파, 생략과 도치 등의 화법을 통해 독자들로 하여금 자신의 화두로 받아들이게 하기 때문이다. 그런 점에서 이 1,700칙의 화두는 고칙(古則)이 아니라 이 시대를 살아가는 오늘 여기의 사람들에게 "현칙"으로 살아나는 공안인 것이다.

저자는 "부처님은 / 또 하나의 새로운 주의(ism)를 주장하지는 않았다 / 모든 주의의 잘못을 알려 주었을 뿐이다"(670송)라는 언표로 어떠한 도그마에 대한 집착을 경계하고 있다. 이른바 유사종교와 신흥종교가 판을 치는 오늘 이 땅에서 그들 교설이 가지는 맹독성을 일깨워 주는 화두이다. 이 책이 "재가인을 위한 경전"인 까닭은 바로 이 시대 사람들이 지니고 있는 문제의식을 화두로 표현해 주고 있다는 점에 있다.

‘비교 혹은 대화’로 펼친 인문학 연구의 이정표

신옥희의 『일심과 실존』
(이화여대출판부, 2000)

1

우리 사회에서 ‘비교’라는 말은 아직도 다분히 부정적인 뉘앙스를 풍기는 것처럼 보인다. 특히 학계에서는 학제간 연구니 컨소시엄이니 하면서도 비교 학문을 한다는 것은 학문의 칸막이를 넘어서려는 시도라 보이기 때문에 쉽게 긍정하지 않는 분위기가 팽배해 있다. 그러다 보니 자신의 주 전공 또는 주 장르에 갇혀 너무 쉽게 매너리즘에 빠져버리는 경우가 허다해 보인다.

그런데 이렇게 자신이 칸막이를 지키려고 노력하는 시각에서의 지적 또한 경청하지 않을 수 없다. 자신의 장르를 고집하는 이들의 비교에 대한 시각은 이런 것이다. "'상호간의 유사점 또는 공통점을 추출하고 거기에서 일반적인 법칙을 추출하여 비교하는 대비'이기보다는 우열을 가리기 위한 전제"로 암암리에 작용해 왔다. 또는 "자신의 주 장르에 대한 연구도 미진하면서 타 장르에 기웃거리는 것은 전공에 대한 계몽만 있을 뿐 깊이(또는 전공)가 없다"고 말이다.

특히 동양적 사유에 있어 비교라는 잣대는 아직도 "설익은 이해로 아무데나 제 잣대를 들이댄다"거나, "자기 우물도 제대로 못 파면서 남의 우물에 대해 간섭한다"거나, "남의 밥그릇 빼앗으려 하지 말고 네 밥그릇이나 잘 지키라"고 윽박지르기도 한다. 하지만 이런 긍정적인 말도 있지 않는가? 서로 대화하고 만나기 위해서는 무엇이든 적극적으로 새로운 시도를 해야만 "님도 보고 뽕도 따며", "도랑치고 가재도 잡으며", "꿩 먹고 알 먹을" 수 있다는 것 말이다. 중요한 것은 "누가 그것을 제대로 잘 하느냐?"의 문제이다.

그러기 위해서는 나와 다른 남과의 대화에 대한 열린 시각이 필요한 것이다. 한 학자의 생명력의 원천인 학문적 화두, 즉 어떠한 문제의식은 오히려 자기 전공에 대한 깊은 사색과 열정 속에서 나오는 것이다. 그런 점에서 "하나만 아는 자는 아무 것도 모르는 자이다"라고 한 '종교학의 아버지' 막스 뮬러의 일갈은 촌철살인(寸鐵殺人)과도 같은 것이다. 자기 장르 중심의 편협한 시각을 극복하고 보다 객관적인 연구를 시도하기 위해서는 오히려 '비교'만이 자기 주제에 대한 정확한 이해를 도출할 수 있다는 것이다.

특히 동양과 서양이라는 큰 범주를 비교함에 있어서는 먼저 대화를 위한 지적 분위기가 형성되어야 한다. 남북 통일의 문제 역시 남북한 대표가 서로 만나서 진지한 대화를 시작하는 것에서부터 서로를 이해하게 되고, 또 둘이 원하는 것들 사이의 같은 점과 다른 점을 찾게 되는 것 아니겠는가. 거기에서 서로 양보하고 타협하여 통일을 성사시키는 것이 순서일 것이다. 그런 점에서 우리 삶의 곳곳에서 벌어지고 있는 만남 또는 대화의 담론은 만시지탄(晩時之嘆)이 있지만 매우 바람직한 현상이라 여겨진다. 신옥희 교수의 『일심과 실존 : 원효와 야스퍼스의 철학적 대화』는 동서철학의 두 거장인 원효(617~686)와 야스퍼스(18882~ 1969)가 평생을 탐색하며 정립시킨 사유체계를 1300여 년이라는 시공을 격해 비교철학적으로 대비시키며 성찰한 저술이라는 점에서 주목된다.

2

무릇 비교는 융합을 위한 전제 작업이다. 어떠한 사유의 융합은 인간이라는 동물이 지니고 있는 보편성의 전제 위에서 가능한 시도라 여겨진다. 평자는 보편성의 두 축을 이렇게 설정한다. 첫째는 '있는 것'(존재, 현실)과 '있어야 할 것'(당위, 이상) 사이의 거리의 최소화이다. 둘째는 살아있는 것들의 생물학적 조건의 동일성이다. 이렇게 볼 때 동서고금, 남녀노소 누구나가 이러한 보편의 두 축 위에서 자신의 문화적 배경을 통해 사유하고 자신을 표현해 왔던 것이다.

지난 30여 년간 원효와 야스퍼스의 철학적 대화를 학문적 화두로 설정한 저자는 "두 큰 스승을 위한 일생의 소원"이라는 이름으로 이 책의 출간에 깊은 의미를 부여하고 있다. 저자의 학위논문 역시 두 사상가의 사유를 체계적으로 비교 연구한 것이었다. 때문에 강산이 세 번 변하는 동안에도 저자의 학문적 화두는 변함없이 성성적적(惺惺寂寂)하였던 것으로 보인다. 그 참구의 소식이자 성취가 바로 이 책 『일심과 실존』이다.

『일심과 실존』은 동서의 이질적인 문화권에 속하는 원효의 일심 사상과 야스퍼스의 실존 사상이 드러내는 같은 점과 다른 점에 대한 비교 철학적 고찰을 전개하면서 그들 사상을 실재관, 인간관, 윤리관, 종교관의 네 가지 영역에서 철학적 대화를 시도한 저작이다.

이 저작은 야스퍼스의 실존 철학과 원효의 대승불교 철학 사이의 친근한 유사성에 기초하여 탐구한 저자 나름대로의 비교 연구의 산물이다. 그런데 저자는 비교 철학의 다양한 방법론들, 이를테면, 비교의 방법, 대비의 방법, 대결의 방법 가운데에서 특히 비교의 방법에 기초하면서도 둘째와 셋째의 방법을 원용하여 "대결적 대비 연구" 또는 "주체적 자각에 바탕을 둔 대결적 방법"을 중심으로 두 사상가의 사상적 대화와 만남 내지 대결을 유도했다고 밝히고 있다.

저자는 먼저 원효의 사상을 전제하고 그 뒤에 야스퍼스의 사상을 유비시킨 뒤 두 사상의 핵심 코드(기호)를 대결시켜 같은 점과 다른 점을 밝히는 형식으로 진행시켜 갔다. 하지만 서론과 결론을 제외하고 총 4장으로 된 이 저술의 얼개 모두가 전제와 유비 그리고 대결의 형식으로 되어있다는 점에서, 초심자를 위해서는 매우 일목요연하다는 점에서 적절해 보이면서도, 하나의 저술로서의 독립성을 생각할 때는 다소 단일해 보인다는 생각을 지울 수 없다.

두 사상가의 실재관, 인간관, 윤리관, 종교관을 대비시키는 틀 속에서도 원효의 다이내믹한[無二而不守一, 融二而不一 등] 문장구조(承遮法 등)나 메를로 뽕띠의 개념인 '교차배어법' 또는 데리다의 텍스트 이론에 입각한 '직물짜기' 방식처럼 좀더 유기적이고 중층적인 형식으로 틀을 짰으면 훨씬 더 좋지 않았을까 하는 아쉬움이 있다.

비교의 시각이라 하더라도 평면적인 나열보다는 다면적인 축적이, 단선적인 전개보다는 복선적인 통합이, 상호 교섭(相卽)보다는 상호 침투(相入)가 훨씬 더 원효적이며 야스퍼스적이 아닐까 나는 생각한다. 이것은 각 장과 각 절의 형식적인 배열의 측면에서 말하는 것이다. 아마도 이 글이 산발적으로 발표했던 논문들의 집성이어서 그런 것처럼 보인다. 하지만 각 장 속에서는 원효와 야스퍼스의 입장이 서로 어우러져 각기 교섭하고 각기 침투하고 있기에 크게 문제가 되는 것은 아니라고 본다.

3

저자는 원효의 일심을 "우리의 일상적인 경험이나 사고에 의해서는 알 수 없는 이언절려(離言絶慮)의 신비적인 각(覺)체험의 내용"이고, "대승불교적 각의 형이상학 또는 각의 실재론이며 진여(眞如)로서의 일심"으로 파악하고 있다. 또 "일심의 각체험에서 도달되는 실재의 세계는 염정무이(染淨無二), 진속평등(眞俗平等)의 원융무애한 일법계(一法界)"이며, "일심의 형이상학은 이언절려의 일심에의 수순득입(隨順得入)을 방해하는 분별지(分別智)를 돌파하여 일심의 세계에 득입(得入)하게 하는 이론적 방편(方便)"으로 이해한다.

그리고 저자는 야스퍼스의 포괄자(包括者, das Umgreifende)를 "존재 자체 또는 전체로서의 존재는 주관만도 아니고 객관만도 아니고 주관과 객관의 양쪽을 포괄하는 절대무이자 순수 초월자"이며 "존재에 관한 적극적 규정을 초월하는 존재 자체의 비대상성과 불가지성, 즉 언어적 사고를 넘는 존재 자체의 절대적 초월성을 밝히며, 존재에 관한 모든 판단을 중지시키기 위하여 잠정적으로 사용되는 개념적 도구"로 파악한다.

그러면서 저자는 "대상적 사고의 자기 부정의 무한한 과정으로서의 철학적 사유의 새로운 방식으로서 초월하는 사고라고 부르고, 우리가 영원히 면할 수 없는 대상적 사고를 통해 비대상적 초월자로서의 포괄자를 확인하고자 하는 '초월하는 사고'(das transzendendierende Denken)의 방법은 야스퍼스의 근본적 철학방법론으로서 중대한 의의를 지닌다. 야스퍼스는 존재 체험의 비대상적 초월성을 조명하는 철학 방법론으로서 독일 신비주의의 부정 신학에서 전개된 '절대무'의 논리"를 채용하고 있다.

이렇게 저자는 두 사상가의 실재관을 전제한 뒤 일심과 포괄자를 진여로서의 일심과 절대무로서의 포괄자로 대결시키고 있다. 아울러 비교의 절에서는 일심과 포괄자를 절대공과 절대무, 체용 도식과 주객 도식, 여래 법신과 숨은 초월자의 세 축을 통해 "대결적 대비 연구"로 나아가고 있다.

원효의 일심 사상의 공의 논리는 "일체의 대상성을 돌파하고 분별지의 완전한 종식에로 이끌어 일체의 대상성을 초월하는 주객 합일의 직접적인 실재 체험에로 이끄는"데 반하여, 야스퍼스의 철학적 사유는 "대상적 사고의 차원을 벗어나지 못하고 단지 대상적 사고의 한계를 자각시키는 기능을 할 수 있을 뿐"이라고 저자는 말한다. 이는 "원효의 일심사상의 배경을 이루는 대승불교의 실재관이 범신론적 체용상즉(體用相卽)의 도식을 따르고 있는데 반하여, 야스퍼스의 포괄자 사상의 기초가 되고 있는 기독교 신앙의 실재관은 유일신론적인 도식을 따르고 있기 때문"이라고 본다.

때문에 원효의 일심 사상과 야스퍼스의 포괄자 사상은 일상적인 사고의 논리를 초월하는 체험의 경지에서 전개된다고 하는 점에서는 유사하지만, "원효의 각체험이 주객 도식의 완전한 해소에서 도달하는 완전한 무능소(無能所)의 이원소실(二元消失) 또는 불이(不二)의 경지를 가리키는데 반하여, 야스퍼스의 실존적 초월자 체험은 초월자의 직접적인 체험이 아니며, 포괄자의 유한한 양태들과 그들 사이의 근본 관계에 대한 성찰을 통하여 단지 '간접적'으로 포괄자 자체의 의식에 도달한다"고 말한다.

이렇게 볼 때 원효의 일심과 야스퍼스의 포괄자는 그들 사유의 유사성에도 불구하고 입각지가 달라 그 체험이 '직접적'인 경지를 가리키거나 '간접적'으로 도달하는 것으로 이해되기도 한다. 따라서 원효의 일심은 "불교적 무 또는 반야의 지혜는 일체의 대상성이 해소됨과 동시에 진여와 하나가 되는 전일(全一)의 실현 속에서 주객불이(主客不二)의 여래 법신에 도달하는 것"임에 대하여, 야스퍼스의 포괄자는 "인간과 신성(神性)의 비동일성(절대적 이원성)은 하나의 불변하는 근본 원리이기 때문에 이성의 운동은 초월적 일자를 향한 무한한 상승이 과정 안에서 끊임없는 좌절을 거듭할 뿐 초월자와의 합일에는 도달하지 못하며", 결국 야스퍼스의 포괄자 사상에서 "그는 단지 한계의 자각을 통하여 사유 불가능한 초월자의 간접적인 확인에 도달

할 뿐, 초월의 길은 존재 자체에 대한 무한한 육박이지 초월자와의 신비적 합일의 길은 아닌 것"이라고 결론내리고 있다.

인간관에서도 이러한 구도는 그대로 유지된다. 여래장으로서의 인간과 가능적 실존으로서의 인간의 대결적 대비 연구는 실재관과 동일한 얼개를 유지하고 있다. 윤리관에서는 윤리적 근원과 목표로서의 일심과 윤리의 근원과 목표로서의 실존을 대결시키고 있다. 종교관에서는 원효의 대승 신앙과 야스퍼스의 철학적 신앙을 대비시키고 있다.

원효와 야스퍼스를 대비시키고 있는 이 저작 속에서의 동서철학의 차이점은 그 유사성에도 불구하고 그 입각지가 다르기 때문에 그 지향점 역시 같은 것으로만 보여지지 않는다. 그럼에도 불구하고 "불교철학의 창조적 계승과 현대적 변혁"을 위해서는 이와 같은 만남이 끊임없이 이루어져야 한다고 나는 생각한다.

우선 비교 또는 대화를 하게 되면 먼저 나와 다른 남을 인정하게 되고 서로 이해하게 된다. 그래야만 상호 이해의 기반을 심화시킬 수 있는 것이다. 노교수의 30여년에 걸친 학문적 화두의 타파 결과물인 이 저작은 한국철학사와 서양철학사의 만남의 가교 역할을 확실히 하고 있다.

첫째, 이 저작은 "원효의 일심을 이언절려의 신비적인 각체험의 내용이고, 일심의 형이상학은 이언절려의 일심에의 수순득입을 방해하는 분별지를 돌파하여 일심의 세계에 득입하게 하는 이론적 방편"이라는 시각은 매우 신선한 해석이라는 점이다.

둘째, 원효의 인간관은 "무의 공간에서 끝없는 부동(Schweben)의 길을 택한" 야스퍼스와 달리 "인간을 어디까지나 세계 중심적이며 우주 중심적 일심이 형이상학의 기반에서 이해하는 나머지 인간의 세계를 우주적 차원으로 해소시켜 버림으로써 유일회적·역사적 개체 존재로서의 개인 각자의 주체 의식을 약화시켜 버리는 경향이 나타남"을 지적한 점이다.

셋째, 한국 내지는 동아시아의 철학자로만 알려져 있는 원효를 서양 실존철학의 주류인 야스퍼스와 대결시킴으로써 원효를 활발발(活潑潑)하게 되살려내고 있다는 점이다. 동양철학사와 한국철학사 연구는 이 저작을 기점으로 해서 거듭 마음을 가다듬어야 할 것이다.

4

이 저작은 한국철학사와 서양철학사가 만날 수 있는 하나의 가교역할을 하고 있다. 종래 '비교' 혹은 '대화'를 매우 낯선(?) 방식으로 이해해 왔던 우리 동양철학계 내지 한국철학계는 이제 이러한 동서의 '악수'를 인문학의 중심에 자리한 상호 이해의 심화 기반으로 이해해야만 하게 되었다.

흔히 인문학의 위기는 인문학자들의 위기라고 해야 정확한 표현일 터이다. 종래 학문의 제왕이라 자처했던 철학 이하 인문학이 이제는 그 제왕의 영토를 인접 분과학문에 점령당한 채

소영주로 전락했음을 자괴만 할 것이 아니라 보다 적극적인 글쓰기의 형식으로 전투를 전개하여 잃어버린 영토를 되찾자는 '존재의 전략'이 필요한 시점이 되었다.

이러한 위기의 상황에서 이 저작은 매우 시의적절한 성과라 할 수 있다. 난해한 원효의 이론을 그 나름대로 척출하고 복잡한 야스퍼스의 이론을 요령있게 요약하여 두 사상을 대결시키며 대비해 나간 이 『일심과 실존』은 위기에 직면해 있는 우리 인문학계가 나아갈 방향이 어느 쪽이어야 하는가를 제시해 주고 있다. 동시에 저자의 주 전공이 서양철학임에도 불구하고 이렇게 동양철학과 대비하여 두 사상의 다른 점과 같은 점을 밝혀내고 있다는 점에서 동양학계의 분발을 촉구하는 것이기도 하다.

다만 아쉬운 점이 있다면 이 저작 역시 동양철학도들의 가장 커다란 고민인 글쓰기와 개념풀이에 직면해 있다는 것이다. 노교수의 역작이 전공자 이외의 일반인들이 읽기는 너무 난해하다는 것이다. '비교 혹은 대화'라는 것은 만남을 전제로 한 것임을 생각할 때 좀더 쉬운 형식의 글쓰기가 요구된다.

개념풀이의 문제는 저자의 한계에 앞서 동양철학도들의 한계라고 생각된다. 한자문화권에서 번역된 술어를 아직도 오늘의 우리말로 적절하게 바꿔 쓰지 못하는 동양학도의 현실을 그대로 반영하고 있다는 점에서 평자 역시 분발을 다짐해 본다. 몇몇 용어(98면의 南禪宗→南頓禪 또는 南宗禪) 사용의 경우도 바로 잡혀야 할 것이다.

'다른 것'임을 분명히 함으로써 '같은 것'임을 확인하는 길은 없는가?

신오현의 『원효철학 에세이 : 반야와 해탈의 현상학』
(민음사, 2001)

원효는 불교를 넘어 해독될 수 있는 지평을 머금고 있다. 즉 그의 언어가 불학의 언어임에도 불구하고 불학은 이미 불교의 범주를 넘어서 있다. 원효는 더 이상 불교인 원효가 아니다. 이제 그는 '철학자' 내지 '문화소통자'로서도 이해되고 있다. 원효가 앎과 삶의 일치 내지 삼투 자체인 불학자로서 보여준 모습에서 그는 이미 불학자의 풍모를 넘어서 있다. 이 점에서 원효를 '세계어'(서양철학)로 읽어 내려는 저자의 오랜 시도는 새롭고 신선하다.

이 저작은 깨침의 학문인 원효 불학을 '서양철학의 결정판인 현대 철학의 언어로 해석해 보이기를 필생의 소명으로 삼고 있는' 저자의 에세이이다. 저자가 굳이 '탐색'이니 '연구'니 하지 않고 '스케치' 내지 '기행비망록'이라 한 것은 문외한에서 입문으로, 다시 입문에서 입실로 나아가는 길고 긴 여정에서 체인한 경이로운 경험을 겸손하게 표현한 것으로 보인다.

저자의 글은 '불교'(불학)와 '철학'의 '대비'와 '대결' 내지 '비교'를 넘어서 이미 '해석'을 지향하고 있다는 점에서 불학자와 철학자의 경계를 넘어서고 있는 것처럼 보인다. 문제는 여기에 있다. '불학을 철학으로 이해하며 불학을 철학적으로 해명하는' 남다른 소명의식을 불태우는 저자에게 앎과 삶의 삼투는 어떻게 이루어질 수 있는지 궁금하다.

진리에 대한 '확신'과 '이해'를 넘어서 '실행'과 '체증'의 과정이 일이관지 되기 위해서는 어떻게 해야만 하는가. '지혜 사랑'과 '반야 수순'이 둘이 아니고 철학과 불학이 하나임을 밝히려는 저자의 노력에 나도 공감하고 있다. 다만 철학과 불학이 하나가 되기 위해서는 철학의 정체성과 불학의 정체성이 둘이 아님을 밝히는 지점에서 스스로 화회될 것이라 생각한다.

현대의 학문에는 동서니 고금이니 하는 경계가 없어지고 있다. 하지만 동서나 고금의 역사성은 엄존하고 있다. 그의 실존이 머금었던 '당대인의 의식구조'(모던, 저자)에 오늘의 나의 의식구조를 즉자적으로 들이대든 대자적으로 들이대던 분명 역사성의 경계는 남게 된다.

문제는 '같음'을 강조하기 보다는 '다름'을 분명히 말함으로써 동일성과 차이성 내지 상응성과 불응성을 확인할 수 있다는 점이다.

물론 이미 서로의 '다름' 내지 '미지' 속에서 살아왔다는 전제 위에서 소통 내지 윤활을 모색하고 있다는 전제는 평자 역시 공감하고 있다. 하지만 현실적 인간에게는 앎의 해방과 삶의 해방이 동시에 이루어지기가 쉽지 않다는 점에서 철학과 불학의 접점의 모색은 간단한 것이 아니라고 생각한다.

시간과 공간에는 이미 차이와 지연이 내재되어 있듯이 고금과 동서에는 경계가 있기 마련이다. 경계가 있기에 경계를 넘어설 수 있는 것처럼 너무 쉽게 하나가 되는 것이 아니라 치열한 수행의 결과로서 둘이 아님을 확인하는 길이 원효를 원효답게 이해하는 것이라 논자는 생각한다.

‘한 권으로 쓴’ 불교철학

한자경의 『불교철학의 전개』
(예문서원, 2005)

1

바야흐로 이제 우리 학문도 수입학을 넘어 창조학으로 진입하고 있다. 지난 반 세기 이래 우리 학문은 서양학을 수입하기에 급급했고 아직도 몇몇 분야에서는 열심히 수입 중이다. 수입도 수입 나름이기는 한 데 이왕 수입을 하려면 제대로 된 상품을 수입해야만 한다. 그래야만 자생력을 담보하는 학문의 터전을 닦을 수 있게 된다. 하지만 그 학문의 터전이 척박하면 할수록 생산에는 크게 귀 기울이지 않는 것이 우리 학계의 풍토다. 아직 때가 이르다고 자기를 합리화하고 손놓고 앉아 있을 수만은 없다. 잘못된 합리화는 여전히 바깥 사람들의 상품만 팔아주게 될 것이기 때문이다.

이제 우리도 서툰 도구나마 기름칠 해가며 경쟁력 있는 우리의 상품을 생산해 내야만 한다. 수입에만 의존하려고 하다가는 언젠가는 정체성을 잃고 수입학에 종속되기 마련이다. 때문에 수입은 우리의 상품을 팔기 위한 방편일 수밖에 없는 것이다. 우리에게 내다 팔 상품이 없다면 일생 내내 우리는 수입과 소비만 반복하게 될 것이다. 그러므로 일정한 수입이 판매를 위한 미덕으로만 치부되는 우리의 현실은 우리로 하여금 여전히 학문의 수입국으로 머물게 하고 있지나 않은지 반성해 볼 일이다. 이 땅에서 제조된 제대로 된 물품이 있어야만 판매도 가능하기 때문이다.

인문학의 정수인 불(교)학은 일찍이 그 학문적 범주의 광대함으로 인해 지난 세기 이래 오랫동안 접근이 금지된 구역처럼 인식되어 왔다. 이 분야는 전통학을 나름대로 고수해온 소수 학자들을 제외하고는 쉽게 다가서기 어려운 고전학으로 치부되어 왔다. 하지만 영국의 인도 식민 통치 이래 서구에 인도학 내지 동양학이 소개됨으로써 불교학은 새로운 학문으로 주목받기 시작했다. 그 결과 지난 이삼 백년 동안 서양의 불교연구 성과는 괄목할만한 성과를 내고 있다. 그럼에도 불구하고 아직 국내 불교학계는 생산력의 제고는 뒷전에 밀쳐두고 여전히 이들을 수입하는 중개상 내지 소비자에 머물고 있다.

이런 와중에서나마 최근 젊은 소장 및 중견 불교학자들이 수입학을 넘어 창조학의 터전을 조금씩이나마 닦아가고 있다. 무슨 접근금지 학문처럼 오해되어 온 불교학이 이제사 제대로 평가되고 연구되는 현실은 매우 고무적인 일이다. 하지만 오늘이 시점에서 보더라도 불교를 이해시키기 위한 개론서 내지 통사류가 우리 사회에는 너무나도 부족하다. 이는 불교계나 우리나라 대학들이 대학이라는 울타리를 넘어 대중들과 소통할 수 있는 젊은 필자들의 양산을 방기한 결과라 여겨진다.

이런 시점에서 '삶에 대한 투명한 통찰과 깨달음을 얻는 것'을 철학함의 궁극적 목적으로 삼고 있는 한자경 교수의 『불교철학의 전개』의 간행은 뜻 깊은 일이라 할 수 있다.

2

서양철학과 불교철학을 동시에 섭렵한 저자는 최근 동서 비교철학의 차원에서 의미 있는 시도를 펼치고 있다. 근래에 간행한 저자의 『칸트와 초월철학』, 『자아의 연구』, 『자아의 탐색』, 『유식무경』, 『동서양의 인간이해』, 『일심의 철학』 등은 수입학에서 창조학으로 넘어가는 과정에서 생산된 저작들로 보여진다. 창조학의 궁극적 지향은 타자에의 섭렵과 소화를 넘어 자기 생산력으로 나아가는 것이라 할 수 있다. 이러한 과정은 모든 학자들이 공통적으로 경험해 가는 길이다. 저자가 '책머리에'서 밝히고 있듯이 이 저작의 간행 역시 『한국철학사』를 쓰기 위한 과정에서 이루어진 것이라면 더욱더 값진 일로 생각된다.

『불교철학의 전개』는 불교학을 전공하는 사람들의 고민의 연속에서 나온 산물이다. 인도와 티베트, 중국과 한국, 일본과 베트남, 동남아 일대의 불교를 '한 권의 책'으로 담아낸다는 것은 불교역사나 불교철학 전공자 모두가 부딪치는 지난한 과제이다. 이미 평준화된 우리나라 대학현실은 전문학보다는 교양학 일변도로 나아가고 있는 느낌이다. 우리 역사와 철학과 문화에 대한 이해가 '거의'(?) 없는 요즈음의 우리나라 대학생들에게 교양교육 속에서나마 이들을 전달하기 위해서는 교양교재가 아직도 턱없이 부족하다.

때문에 불교철학이나 불교역사를 전공하는 학자들이 교양과목에서 대학생들을 만나 가르칠 때마다 매학기 어려움을 겪는다. 더욱이 수업교재조차 거의 사지 않는 우리나라 대학생들에게 불교책을 읽히게 하기 위해서는 '한 권으로 된' 불교역사 내지 불교철학 책이 필수적이다. '한 권'이 주는 의미는 '단일함' 내지 '통일성'이다. 깊은 통찰 속에서 이루어질 수 있는 '한 권'의 의미는 광범위한 불교 역사와 철학을 전제할 때 상당한 내공을 요구한다. 최근 우리나라 출판계들은 이것도 모자라 '한 권'이 아니라 '하룻밤에 읽는' 내지 '30분에 읽는'이라는 수식어를 붙이고 불교 내지 역사 등등을 독파해 내겠다는 자만(?)을 보이고 있지만 말이다.

한 권에는 두꺼운 책도 있고 가벼운 책도 있을 수 있다. 저자는 짧은 지면(246면)으로 된 한 권 속에 불교철학을 담아내려고 노력하였다. 새롭게 쓰는 것도 어렵지만 요령있게 정리하는 것은 더 어려운 일인지도 모른다. "불교의 핵심을 가능한 한 놓치지 않고 담아보고자 노력하면서 작성했던 강의 원고"이기에 저자에게 '한 권의 책'은 단지 한 권으로 머물지 않을 수 있다. 광대한 불교의 바다에서 이만큼 한 권으로 그 벼리를 뽑아낸다는 것은 결코 쉬운 일이 아니기 때문이다. 그것도 주마간산 격이 아니라 보다 본질에 다가가려 했다면 말이다.

"불교 전반을 한 학기 만에 포괄적으로 강의해야 하는 우리나라 대학교 철학과의 학사형편"을 고려할 때 어쩔 수 없는 일이기는 해도 이런 노력조차 거의 기울이지 않은 우리 불교학계의 현실에서 볼 때 단비가 내린 것이라는 느낌을 금할 수 없다. "삼국시대 이래로 우리 역사와 문화 그리고 정신 속에 녹아있는 불교에 대해서는 단 한 강좌로 끝내야 하는 것이 우리 철학교육의 실태"임을 감안하면 이와 같은 저술의 출현과 다양한 강좌의 설강은 무엇보다도 우리 대학에서 급선무가 되어야 할 것이다.

3

저자는 이 책을 석가의 생애, 불교의 근본교리에 이어 인도의 이상주의, 중국의 현실주의, 한국의 주체주의의 5장으로 나누고 있다. 그리고 3~5장의 각 서두에는 해당 나라의 간추린 불교사를 실은 뒤 주요 사상가들의 철학을 해명해 가고 있다. 한 권으로 담아내기 위한 이러한 장 구분은 가장 일반적인 것이면서도 보편적인 분류일 수밖에 없다.

먼저 불교의 교조에 대한 이해 위에서 근본교리를 더듬어 나간 뒤, 인도와 중국과 한국을 살피는 순서는 일반적이면서도 근본적인 것일 수 있다. 오온과 무아의 기호로 자아론을 논증하고, 실체론과 연기론을 대비하면서 연기의 원리를 해명하거나, 오온의 윤회와 12처 18계의 형성을 통해 현상론을, 깨달음과 해탈 및 사념처관의 수행으로 수행론을, 소승과 대승 및 타력신앙 대상의 불보살로 대중교화론을 서술하고 있다. 이러한 기술은 근본교리를 기술하는 방법으로서는 적절한 시도라 할 수 있다.

다만 제2장에서 저자의 관심에 따라 자아 내지 무아 문제에만 초점이 맞춰진 것이 아쉽다. "무아의 자각으로부터 공과 일심을 깨달아 해탈에 이르고자 함을 불교의 핵심으로 보았"(8면)기에 이렇게 기술해 간 것으로 이해는 된다. 하지만 업설 내지 윤회 문제도 주요한 논제인데 부분적으로 언급은 하고 있지만 이 주제에 대한 본격적인 논의는 비교적 비껴나간 느낌이다.

이 책의 두드러진 측면은 인도를 '이상주의'로, 중국을 '현실주의'로, 한국을 '주체주의'로 분류한 3~5장이 될 것이다. 그것도 '유(有)・공(空)・가(假)의 논리'로 이상주의를, '중(中)의 논리'로 현실주의를, '일심(一心)의 논리'로 주체주의를 표현하고 있다는 점은 종래의 기술에서는 보기 어려운 시도라 할 수 있다. 각 나라의 불교사상에 대해 이러한 개념화의 시도는 이 책의 장점이 된다.

같은 동양문화권이면서 동시에 같은 불교문화권을 공유하는 세 나라의 보편성과 특수성 내지 연속성과 불연속성을 밝히려는 노력은 역사나 철학 전공자들에게도 공통된 관심사가 된다. 때문에 국제화 내지 세계화 시대가 될수록 더욱 더 주목받게 되는 것은 "인도와 중국과 일본과 다른 한국 사상 내지 불교의 특성은 무엇인가"라는 질문이다. 이것은 인간과 세계 내지 앎과 삶에 대한 근원적 통찰을 벼리로 삼는 철학의 근본적인 물음이기도 하다.

> 인간이면 누구나 삼 시 세끼 식사하고, 이것저것 배우고 일하며, 누군가를 사랑하고 미워하고, 병이 들기도 하고 그러다가 결국 늙어 죽는 그런 인생길을 가기에 존재와 삶의 의미에 대해 인간이 던지는 철학적 물음 그리고 그 답을 제시하는 근원적 통찰에 있어 보편적 진리는 분명 있을 것이다. 그러나 그 진리에 이르는 철학적 사유의 길에는 문화마다 차이가 있을 수 있지 않을까? 우리 역사와 문화가 다른 나라의 역사나 문화와 다르다면, 언어가 다르고, 음악과 미술, 건축양식, 생활방식, 감정표현이 다르다면, 분명 철학적 사유에 있어서도 무언가 차이점이 있지 않겠는가? 자신과 세계를 이해하고 문제삼는 그 시각과 의식의 층위가 분명 다를 것이다. 나는 그걸 포착해 보고 싶었다. 이 책은 이런 의도에서 내 나름대로 불교를 이해하고 정리해본 결과이다. 인도불교이든 중국불교이든 한국불교이든 모두 불교이므로 그 사상적 핵심에 있어서야 마찬가지이겠지만, 그래도 각각의 문화와 역사가 서로 다르니 그 핵심의 전개에 있어서는 무언가 차이점이 있지 않을까, 그것을 찾아내고 싶었던 것이다. (7~8면)

저자는 이들 나라들의 '시각과 의식의 층위'의 차이를 밝히기 위해 나름대로 노력한 결과 '이상'과 '현실'과 '주체'라는 개념을 이끌어 냈다. 이는 각각의 문화와 역사 속에서도 "그 핵심의 전개에 있어서의 차이점을 찾아내려는 노력"의 소산으로 보인다. 그것이 옳은가 그른가는 거기에 걸맞는 논리적 해명이 진행되어야만 판단할 수 있을 것이다. 하지만 이 저작에서는 그러한 해명을 찾아볼 수 없다.

저자는 '유 · 공 · 가'의 논리로 인도불교를 이상주의라 개념화하고 있다. 그런데 이들 개념은 부파불교(有)와 중관철학(空)과 유식철학(假)의 기호에 지나지 않는다. 평자 역시 이들 기호로 이상주의의 개념화를 시도할 수 있다고 생각한다. 문제는 가장 보편적인 기호로서 해당 불교를 설명하려는 레토릭 상에서는 충분히 공감할 수 있지만, 어떤 점에서 이상주의라 할 수 있는가에 대한 논리적 기술은 생략되어 있다는 것이다. '이상'이 중국불교와의 변별을 위한 표현일 수도 있지만, 그것을 넘어 이상주의라 규정하는 근거를 구체적으로 부가했으면 더욱 적절했을 것이라 평자는 생각한다. 중국불교를 현실주의라 할 때 실재론적 사유가 강한 중국철학의 지평에서 볼 때 적절한 표현이라 평자도 생각한다. 하지만 그것이 '중의 논리' 속에서 어떻게 현실주의로 설명될 수 있는지를 저자는 기술하지 않고 있다. 물론 이 저술이 '한 권으로 쓰고', '강의 교재'로 쓰기 위해서 시간적 제약이 있었다고는 이해되지만 "누구나 알아볼 수 있도록 목차에서부터 명시해보고자" 하였더라도 이 책의 차례에 '중의 논리'를 붙였다면 거기에 대한 근거를 해명했어야 한다. 그렇지 않을 때 이러한 개념들은 다분히 인상적으로 붙여졌다는 비판을 면하기 어렵다.

한국불교를 주체주의라 할 때 그 근거를 '일심의 논리'로 삼은 것은 적절한 것인지 의문이 든다. 모든 것의 근거인 일심을 논리로 파악하기는 어렵기 때문이다. 화쟁과 회통을 통해 일심을 구현하고 무애를 실현하는 맥락이기는 해도 일심의 논리로 표현한 것은 지나치게 원효철학을 의식한 것으로 보인다. 오히려 원효의 용어를 빌려 '화회의 논리'로 붙였다면 더 적절했을 것이다.

> 한국불교가 보이는 한국적 특성이 과연 있을까, 있다면 무엇일까? 내가 포착할 수 있는 최소한의 것이나마 개념화해보고자 노력하였으며, 개념화한 것은 누구나 알아볼 수 있도록 목차에서부터 명시해보고자 하였다. 그러한 개념화가 과연 정확한 것인지, 너무 일반적인 규정은 아닌지, 혹은 너무 편파적인 단정은 아닌지, 다른 학자들이 어떻게 평가할지 사뭇 긴장된다.(8면)

한국불교에 대한 저자의 이러한 반문은 개념화에 대한 어려움을 잘 보여주고 있다. 개념화는 해당 사유에 대한 깊은 통찰 속에서 가능하기 때문이다. 하지만 여기서 개념화의 시도가 문제가 되는 것은 아니다. 중요한 것은 그 개념화가 해당 나라의 불교를 적절히 지적해 내고 있는가에 있다. 그리고 그 개념화에 걸맞게 논리적 해명이 부가되어 있느냐 하는 것이다.

한국의 경우 '일심의 논리'를 근거로 주체주의를 드러내고자 했다면 그 논리를 원용하여 주체주의를 해명하는 근거를 서술해야만 했다. "무아의 자각으로부터 공과 일심을 깨달아 해탈에 이르고자 함을 불교의 핵심으로" 본 저자였기에 "인도에서 중국을 거쳐 한국에 이르러 그러한 불교의 주체주의적 정신이 가장 잘 표현되었다"고 본 근거를 원효의 일심, 지눌의 진심, 서산의 일심에서처럼 분절적으로 그릴 것이 아니라 독립된 절 속에서 유기적으로 논증해 가야만 했다. 이러한 점에서 몇 가지 아쉬움이 남는다.

각 장을 5절로 구성하여 1절을 간추린 불교사로 안배한 뒤에, 그 간추린 불교사 내에서나마 '이상', '현실', '주체' 등의 개념에 대한 설명이 이루어지던지 아니면 별도의 절(6절)을 따로 설정하여 해명하였더라면 이 시도의 의미는 배가되었을 것이다. 또 삼국의 간추린 불교사를 일정한 원고지면 내에서 써야하는 제약이 있었겠지만 몇몇 절목에서는 지나치게 소략하여 매우 아쉽다. 강의원고를 그대로 편입시킨 것으로 보이지만 좀더 일목요연하게 간추릴 필요가 있다.

철학과 대학생들을 위한 교재 간행이 주목적이었기에 아무래도 역사에 대한 터치를 소홀히 할 수밖에 없었을 것이다. 하지만 초심자들은 오히려 역사를 통해 철학으로 넘어간다는 생각을 해본다면, 그리고 불교역사 역시도 '한 권으로' 편입된 이상 요령있는 정리가 요청된다. 이 저작이 철학도를 위한 강의 '교재'를 넘어서서 일반 대중에게까지 읽혀지는 '저작'이기를 저자도 바라고 있다고 나는 생각한다. 그런 점에서 소략한 불교사의 정리는 좀더 보충할 필요가 있다고 여겨진다.

4

위와 같은 몇 가지 지적에도 불구하고 이 책은 불교철학을 저자 나름대로 '한 권으로' 정리하고 있다. 한 권의 의미는 결코 가볍지 않다. 이백 육십자의 『반야심경』이 반야 육백부의 무진장을 온전히 담고 있으며, 의상대사의 210자 「법성게」가 육십 『화엄경』을 다 담아내고 있으니 말이다. 또 세친의 그의 『아비달마구사론』(30권)은 이백 권의 『대비사론』을 요령 있게 정리한 명저이며, 『유식이십송』과 『유식삼십송』은 인도 후기 유식을 집대성한 철학시이다.

한 권은 한 손에 들고 다니기 편할 뿐만 아니라 '단일함'과 '통일성'을 지닌다는 장점이 있다. 팔만 사천 법문을 마음 '심'(心)자 하나로 요약해 내는 것이 불교이면서 동시에 '공'(空)자 하나로 석존의 일문[空門]을 드러낼 수 있는 것처럼 말이다. 펼침[開]과 합침[合]이 자유자재한 불법임을 생각해볼 때 저자의 이와 같은 개념화 시도는 많은 학자들에 의해서도 끊임없이 이어져야 한다고 본다. 종래 이러한 시도는 선학들에게서도 몇 차례 있었다. 조명기의 『신라불교의 이념과 역사』, 박종홍의 『한국사상사』(불교편), 김잉석의 『화엄학개론』, 김동화의 『불교학개론』 등이 한 권으로 된 불교책에 값하는 것이라고 할 수 있을 것이다. 저자의 이 책은 선학들의 시도를 숙지하고 있으면서도 한 걸음 더 나아가려 한 것으로 보인다. 서양철학적 용어로 철학의 저변을 탐색한 뒤 다시 불교철학의 용어로 동양철학의 숲 속을 헤쳐 가는 저자에게 이 저술은 하나의 시금석이 될 것으로 보인다. 저자 스스로도 흡족하게 느낄 '한 권으로 쓴 불교철학'이 나오기를 기대한다.

남성과 여성의 대립을 넘어서 '인간'의 시각에서 출발하자

이문열의 『선택』 (민음사, 1997)

'사느냐? 죽느냐? 그것이 문제로다'라고 삶의 두 갈림길 앞에서 독백하는 영국의 문호 셰익스피어의 비극 『햄릿』은 서양인의 이가(二價)적 사고의 논리를 잘 보여주고 있다. 그런데 어째서 사느냐와 죽느냐라는 두 길의 '선택'밖에 없는가? 우리는 말한다. '살고 싶어 죽겠다!' '죽도록 살고 싶다!' '사는 듯 죽고 죽는 듯 사는' 방법을 동양인들은 오랫동안 터득해 왔다. 거기에는 이가적 논리의 함정에 빠지지 않는 동양인들의 지혜의 시선이 깃들어 있다.

선택과 유보는 대립점이다. 그러나 선택과 유보 사이에는 침묵이라는 또 하나의 방법이 있다. 침묵은 흔히 유보로 기운 듯

이 평가되지만 사실은 유보가 아니다. 현실적 인간들은 살아가면서 침묵할 줄 모른다. 침묵할 때 침묵할 줄 알아야 지혜로운 인간이다. 침묵이 오해되면 비겁과 회피의 동의어로 착각되어진다. 그러나 침묵은 결코 비겁이나 회피가 아니다.

붇다는 침묵을 통해 화자가 제기한 문제의 문제점을 제기하고 있다. 발신자의 질문이 지니고 있는 근원적 오류를 질타하고 있다. 우리는 어떠한 문제에 대해 답하지 않을 권리가 있다. 더욱이 그것이 잘못된 질문이라면 침묵이 화자를 일깨워줄 수 있는 좋은 대답이 된다. 어느 누구도 선택을 강요할 권리는 없다. 결혼과 독신의 대립점에 있어서도 마찬가지다. 때문에 어느 누구라도 선택의 갈림길에서 인욕의 지혜를 배워 강요된 선택의 길을 벗어나야 한다. 현실적 인간에게 있어 그것은 참으로 이겨내기 어려운 일이다.

우리시대 최고의 화제작가로 평가되는 이문열 선생의 『선택』을 읽으면서 나는 이 소설이 왜 문제가 되는가를 생각해 보았다. 그것은 소설 한 편을 읽고 우리 스스로가 어떠한 선택을 강요당하고 있다는 것이다. 각종 언론이 부추기는 측면이 있지만 이른바 페미니스트(여성주의자)들과 작가와의 논쟁은 하나의 소설을 놓고 선택을 강요받기를 자청하는(?) 측과 선택을 강요하는 측의 극단적인 대립만으로만 보일 뿐이다.

몇몇 여성주의자들(이경자, 공지영 등)은 작가 이문열의 『선택』에 나타난 '소설적 실명제' 때문에 피해를 보았다며 여성들의 현실에 대한 작가의 몰이해를 비판하기도 하고, 어떤 여성주의자(전여옥)는 권력의 매개체로서의 문학을 업으로 삼은 작가의 '문화적 권력'의 폐해를 지적하고 있다. 또 남을 비판(비평?)하는 일로 시리즈저술을 내고 있는 어떤 저널리스트(강준만)는 '문화권력'을 통해 '시대와의 간통'을 저지른 저널리스트로 작가를 비판하면서 자신도 <인물과 사상> 시리즈를 통해 편향된 비평의 선택적 논리로 자본을 팔고 있다.

물론 작가가 드러내고자 하는 주인공의 화법이 지나치게 권위적이며 가부장적이라는 데에서 이 작품이 '선택의 강요'로 읽힐 수 있는 여지는 충분히 있다. 그러나 (여성) 독자들이 작가의 소설을 대범하게 하나의 소설로 읽어내지 못하고 소설적 허구를 현실의 나의 실존적 삶으로 오독하고 있는데서 논쟁은 벌어지고 있다.

작가는 신사임당과 허난설헌에 견줄 수 있는 조선시대 정부인 장씨의 삶을 되돌아보면서 여성들의 가치관이 무엇인가를 '오늘의 시각에서' 묻고 있다. 그러나 작가가 의도했던 의도하지 않았던 간에 400여년 전의 한 여인의 삶과 오늘을 살아가는 우리시대의 어떠한 여인들의 삶과 가치관을 같은 줄에 놓고 비교하는 것은 어불성설이다. 왜냐하면 그 시대의 삶의 방식과 오늘의 삶의 방식에는 많은 변화가 있기 때문이다. 이미 몸으로나 의식으로나 조선시대의 삶의 방식과는 다른 삶에 익숙해져 있는 '시민'으로서의 삶을 사는 오늘의 사람들에게 '큰 여자'의 삶을 강요할 수는 없다. 그것은 오로지 독자들의 몫이며 여성들의 개인적인 몫이기 때문이다.

소설 『선택』 뒷편에 실린 <작가의 말>을 들어보면 이 작품을 쓴 그의 의도가 잘 나타나 있다. 이것이 순전히 작가의 창작 의도라면 독자들은 그렇게 '선택적으로' 반응할 필요는 없다.

내가 보기에 진지하고 성실하게 추구되고 있는 페미니즘에 저항할 논리는 이 세상에 없다. 오랫동안 이 세상이 남성을 위주로 편성되어 있었다는 것만으로도 반페미니즘의 논리는 시대착오적인 구호로 몰려 마땅하다. 페미니즘을 비판할 수 있는 것은 다만 그것이 지나쳤을 때 뿐이다. 한쪽으로 기운 배를 바로 세우는 길은 균형을 회복하는 일이지 모든 짐을 다른 쪽으로 옮기는 데 있지 않다.

여기서 말하는 '균형'과 '이동'은 독자에 따라 달리 받아들여질 수 있다. 치우침에서 균형으로 가는 방법은 치우침을 극대화함으로써 평형을 회복하는 방법도 있다. 또 짐을 옮겨서 균형을 회복하는 방법도 있고, 새로운 배를 급구하여 짐을 옮길 수도 있는 법이다. 그러나 이 배가 비유하고 있는 '현실'에서는 배가 한 쪽으로 기운다고 해서 결코 짐을 버릴 수는 없으며, 배를 바꾸어 탈 수 없다는 것이다. 여기서 문제의 핵심은 그 배 안에서의 균형의 회복이다.

이 점에서 다시 살펴보면 배 안에서 누가 더 힘이 세냐는 논리로만 치닫게 된다면 싸움만이 일어나며 그러다가 배가 난파될 수도 있다는 것이다. 감정과 흥분을 죽이고 차분히 이성적으로 토론해 나가야만 배를 전복시키지 않고서도 평정을 회복할 수 있다.

소설에 나오는 정부인 장씨는 '매춘부'(전여옥)가 아니다. 그녀는 학자의 집안에서 태어나 어린 시절부터 상당한 지적 가능성을 보였던 인물이다. 이웃마을에 사는 대학자의 가문으로 출가하여, 아내를 잃고 2남 1녀와 살아가던 젊은 학자 재령 이씨에게 재취(再娶)로 들어 평생을 '한 집안'의 안주인으로서 살아간 사람이다. 이후 다섯 아들과 두 딸을 낳아 전처 소생의 자식까지 자신의 친 자식으로 대성시킨 '어머니'이다. 그녀는 일찍이 성취가 있었던 학문과 재예를 스스로 버리고 부녀의 길을 택해 어머니의 길과 자식의 성취를 통한 가문의 번창을 최고의 '가치'로 생각했던 여인이다. 안주인으로서의 가장 큰 일을 제사를 드는 일(奉祭祀)과 손님 맞이(接賓客)로 여기며, 여성의 가장 중요한 생산과 가장 위대한 성취를 '자녀'와 '양육'에 둔 어머니이다.

정부인 장씨의 삶이 오늘 이 시대에도 바람직한 여성상은 아니다. 이른바 '현모양처'라는 말이 페미니스트들에게는 지극히 구태의연하게 들릴지 모르지만, 동서고금을 막론하고 어머니와 아내의 역할을 포기한 여성은 없다. 다만 '시민사회'의 세상에서는 맡은 '역할'도 선택으로 여기는 것은 분명 문제가 있다. 누가 맡기고 누가 맡았는가? 그냥 하면서 살았지 않는가? 그것이 우리들 인간들의 삶의 방식이 아니었던가 말이다.

결혼과 독신은 선택이 아니다. 결혼도 독신도 인간의 삶의 내용이다. 한 이성과 더불어 사는 과정을 반드시 선택적 삶으로만 보아야 하는가? 그리고 독신을 그러한 선택의 유보 내지는 또 다른 하나의 선택으로만 보아야 하는가? 이혼과 재혼 역시 선택이 아니다. 그것도 또다른 삶의 방식이다.

우리는 너무나 선택에 길들여져 있다. 삶의 절실한 문제나 가치관에 있어 우리는 너무나 선택적으로 반응하고 있다. 무엇이 선택인가? 가치의 선택이 우리의 일반적 의미의 선택이 아니라 그 가치체계 자체가 이미 삶 그 자체라면 의지의 개입이 배제되는 것인가? 아니면 선택은 이미 의지의 개입 그 자체로 해석되어야만 하는가?

우리는 '인간이란 무엇인가?'라는 문제로부터 다시 출발해야 한다. 우리는 언제나 '살지'를 못하고 '살아가는 연습'만 하려고 한다. 연습만 하다 보니까 어떠한 단계단계의 삶을 설정하여 마치 계단을 밟아 올라가듯이 선택하려고 한다. 제대로 사는 사람에게는 연습이 없다. 순간순간 부딪치는 경계가 모두 삶 그 자체이다. 여성주의가 나오면 남성주의도 나와야 하는가? 여성학 강좌가 나오면 남성학 강좌도 개설되어야 하는가? 어불성설이다. 세상을 너무 이분법으로 보지 말아야 한다.

자본주의의 논리는 시민들에게 편향과 선택을 강요한다. 그래야만 자본을 팔아먹을 구매자가 생기기 때문이다. 가만히 잘 사는 사람에게 너는 잘못 살고 있다고 부추긴다. 그래서 자신의 동아리를 자신과 분리시키게 하고 대상화시키게 한다. 거기에서 남는 것은 오로지 자본의 유통구조 뿐이다.

『선택』의 주인공을 통해 작가 자신의 얘기를 하고 있다는 것은 소설이 지니고 있는 특성상 부인할 수 없다. 그 소설이 1인칭 시점이든 3인칭 시점이든 이미 작가의 생각이 투영되어 있는 것은 분명하기 때문이다. 이 작품에는 작가가 자신의 생각을 자신의 집안으로부터 내려오는 가문의 한 실존인물을 통해서 하고 있기 때문에 이미 비판의 소지는 다분히 내재되어 있다. 작가의 말대로 '자칫하면 타성(他姓)들에게 집안 자랑, 양반 자랑으로 오해받고 문중 사람들에게는 불경(不敬)의 죄를 입는 것'이기도 하지만, 더욱 더 문제가 될 소지는 주인공 정부인 장씨의 입을 통해 자신의 여성관 내지는 세계관을 강요할 혐의가 있다는 것이다.

작가가 작품 속에서 1인칭 화자의 시점을 통해 '오늘'의 페미니즘에 대한 문제제기를 '어제'의 정부인의 시점에서 얘기하고 있다는 것은 이 작품이 아무리 소설이라고 해도 실존했던 인물을 중심으로 구성한 이상 그러한 비판들을 벗어나기 어렵다. 그리고 작가가 그리고 있는 정부인의 목소리가 지나치게 '남성적'이라는 데에 문제가 있다. 즉 여성성 속에 들어있는 남성이 아니라 남성성 안에 들어있는 남성으로 얘기하고 있다는 것이다.

때문에 작가를 비판하는 여러 여성주의자들이나 일부 저널리스트들의 시선은 자꾸 작품의 본의로부터 빗나가 그의 개인사로 과녁을 바꾸어 간다는 점이다. 작품을 작품으로 보지 못하고 작가의 개인사로 비평(비난?)의 화살이 옮아간다는 것은 우리 문학사나 사상사를 위해서도 바람직하지 못한 일이다. 그것은 또 다른 오독을 낳고 또 다른 선택을 강요하는 '문화권력'이 되기 때문이다. 그러한 요소가 제기되지 않기 위해서는 먼저 작가가 그러한 빌미를 제공하지 않아야 한다. 작품명을 너무 즉자적으로 "선택"이라고 붙인 것도 그러한 예가 될 것이다. 작가에게 묻고 싶다. 무엇을 선택하란 말인가?

만해 평전의 새 지평

고명수의 『나의 꽃밭에 님의 꽃이 피었습니다』
(서울 : 한길사, 2004)

1

평전의 시대가 열리고 있다. '비평을 곁들인 전기'로서의 이 형식은 한 인물의 역사를 공시적이면서도 통시적으로 보여준다. 사가(史家) 또는 평자(評者)는 먼저 해당 인물의 삶과 생각에 투영되어 있는 내포와 외연의 울타리를 파악한다. 그런 뒤에 그의 정체성과 인식틀이 시공간적으로 어떠한 의미와 무게를 지녔는지를 자신의 일정한 관점에 의해 주객관적으로 그려낸다. 때문에 평전 속에는 사가(史家) 또는 평자(評者)의 역사관 내지 세계관이 반영되기 마련이다.

인간이라는 동물은 직립을 통해서 비로소 역사적 인간이 되었다. 인간이 직립이란 사건을 통해 언어를 발견하고 도구를 발명하여 문화와 문명의 바퀴를 굴리기 시작한 이래 삶의 주체인 인간의 역사(삶)와 철학(생각)은 상호교섭과 상호투영의 관계 속에 존재해 왔다. 따라서 인간과 세계에 대한 통찰의 너비와 깊이를 머금고 있는 생애와 사상은 연기적일 수밖에 없는 것이다. 역사의 신으로부터 자유로운 인물이 유사 이래 어디에도 없었던 것도 이 때문이다.

그러므로 한 인물의 삶에는 그의 인간 이해와 세계 인식의 습기가 투영되어 있는 것이다. 그 인물의 역사 속에서 어떠한 포폄의 평가를 받는다 하더라도 냉엄한 역사의 법정으로부터 자유로운 인물은 존재할 수 없는 것이다. 우리의 물리적인 몸은 당대를 살고 떠나지만 역사의 신은 결코 우리를 당대에 가둬놓지 않는다. 더욱이 그 인물이 전인적 삶을 머금었던 포괄성의 소유자라 할 때 우리는 그의 삶을 단선적이거나 일회적으로만 기술할 수 없다.

때문에 인물 평전은 끊임없이 새롭게 씌어져야 한다. 역사가 변화하듯이 해당 인물을 평가하는 관점 역시 변할 수밖에 없다. 그러나 "'모든 존재는 변화한다'는 그 사실만큼은 변하지 않는다"는 것과 같이 평전을 기술하는 저자는 해당 인물의 삶 속에 내재해 있는 변화의 성질까지 읽어내면서 그의 삶과 생각을 비평할 수 있어야 한다.

따라서 평전은 한 인간의 온전한 삶을 주·객관적으로 평가하는 전기문학의 연장 또는 비평을 곁들인 열전으로 자리매김된다. 때문에 평전은 문학과 역사와 철학 내지 종교와 예술까지 아우르는 형식일 수밖에 없다. 민족의 청년 한용운 평전 『나의 꽃밭에 님의 꽃이 피었습니다』 역시 이러한 관점 속에서 종래의 평전과의 연속과 불연속의 맥락 위에서 새롭게 자리하는 것이다. 만해는 "한 시대를 풍미하며 신명나게 살다간 의인(義人)이자 관세음보살"이었으며 "믿음과 글과 삶이 합일(合一)에 이른" 사람으로 평가하는 저자의 평전이 자리할 공간 역시 바로 여기에 있는 것이다.

2

우리나라 근현대 인물 가운데 전통적 의미에서의 '선생'의 품격을 지닌 사람은 많지 않다. 과거 원효 선생과 지눌 선생 또는 퇴계 선생과 율곡 선생처럼 '선생'의 의미는 불교계 성직자로서 '스님'이라는 의미의 공간보다 그 층위가 훨씬 두텁다. 선생의 의미공간이 이렇게 넓어질 수 있었던 것은 공자와 맹자와 순자의 삶을 모델로 삼았던 조선조 오백년의 유가(성리학) 정치학의 산물이라 할 수도 있다.

『삼국유사』의 기록대로 '스승님'의 약칭으로서 '스님'의 맥락이 없었던 것은 아니지만 오늘 우리 의미체계 안에서 스님은 이미 일(一)종교의 성직자를 지칭하는 의미로 한정되어 버렸다.

이렇게 볼 때 우리는 '만해 스님'으로 부르는 것보다 '만해 선생'이란 호칭이 훨씬 보편적인 층위를 지니고 있다는 사실을 부인할 수 없다. 이는 조선조 오백년의 터널을 지나오면서 추락되어온 스님(중)의 위상 그 연장선에서 비롯된 것이라 할 수도 있다.

그렇다면 나는 불교가 비구· 비구니 중심의 이부 대중을 말하는 '율장'의 좁은 범주를 벗어나 비구·비구니·우바새·우바이라는 사부대중의 넓은 범주 속에서 바라볼 때 '스님'보다는 '선생'의 호칭이 오히려 남녀노소의 구분을 뛰어넘을 수 있다. "모든 중생이 불성을 지니고 있다"는『열반경』의 가르침처럼 '수직적 품계'가 아니라 '수평적 마당'을 제시하는 불교정신에서 볼 때 나는 '만해 스님' 이전에 '만해 선생'이라는 호칭이 평전의 형식에 훨씬 더 부합된다고 생각한다.

저자의 만해 한용운 선생 평전『나의 꽃밭에 님의 꽃이 피었습니다』역시 만해 스님으로서의 위상보다는 '혁명가' '선승' '시인' 으로서의 '만해 선생'의 모습을 견지하고 있다. 이 평전은 1) 청년 유천, 2) 행동하는 한국 근대 불교 지성, 3) 구국의 화신 : 만해의 민족독립운동, 4) 보살행 실천으로서의 문학, 5) 전인적 인간 만해의 5장으로 구성되어 있다. 여타의 평전들이 다수의 장절로 분절시켜 기술하는 것과 달리 이 평전은 전5장으로 만해의 전 생애를 총섭하고 있다.

3

저자는 이 평전에서 만해를 의인, 민족의 청년, 관자재보살, 전인적 풍모를 지닌 인간 등으로 접근하고 있다. 평전에서는 혁명가와 선승과 시인으로서의 풍모가 자연인으로서의 만해, 지식인으로서의 만해, 역사인으로서의 만해로 그려지고 있다.

저자는 종래의 만해 평전 ① 이화나 자료들을 연대기적으로 재구성하거나 ② 주관적인 견문들을 서술하고 있어 만해를 우상화하거나 풍문화할 수 있는 위험성을 지니고 있다고 지적한다. 또 종래의 만해 연구서류는 생애를 간략히 소개하고 문학, 불교, 독립투쟁사 등의 특정의 관점에서 서술하고 있어 객관적이면서도 종합적인 만해에 관한 소개서의 절실한 필요성을 언급하면서 종래 만해 평전과 연구서와의 차별화를 꾀하고 있다.

내용상으로도 종래 만해평전과의 차별성을 아래의 다섯 가지로 기술하고 있다. 첫째, 만해의 출생지인 홍성의 문화적 풍토에 대한 새로운 조명, 둘째, 승려입성금지령의 해제에 관한 기존의 잘못된 관점의 수정, 셋째, 3 · 1 독립만세운동의 주도자로서의 만해의 활동에 대한 올바른 자리매김, 넷째, 만해의 문학관과 『님의 침묵』의 형성과정, 다섯째, 만해의 시조와 소설에 대한 새로운 조명으로 구성하고 있다.

특히 종래의 평전에서 소홀하게 다루어 온 홍성의 문화적 풍토에 대해 저자는 방황하는 청년 유천의 젊은 시절을 홍성 출신의 여러 인물과 분위기 그리고 여러 현장자료와 다채로운 상상력을 끌어들여 재구해 내고 있다.

승려입성금지령의 해제에 대해 종래의 견해(일본승 '사노 젠레이'의 건의)를 수정하고 박영효 등의 자내적이고 주체적인 노력에 의해서 가능했음을 밝히고 있다. 또 3·1 독립만세운동을 이루어 낸 33인으로서의 하나가 아니라 끝까지 변절하지 않은 주도자로서의 만해의 위상을 올바르게 자리매김시키고 있다. 뿐만 아니라 문학에 대한 만해의 관점과 『님의 침묵』이 어떻게 형성되었는지를 당시의 상황을 반영하여 기술하고 있다. 아울러 시에 가려져 상대적으로 소홀하게 취급되어 온 그의 시조와 소설 등에 대해 자세하게 밝혀내고 있다.

저자는 이러한 과정을 통해 "방황하는 청년 유천이 한국 근대의 행동하는 불교 지성으로 혁혁한 발자취를 남길 수 있었던 것은 그가 이미 절대자유의 경지에서 노닐 줄 알았던 정법(正法)의 화현이었으며 '아뇩다라삼먁삼보리'(阿耨多羅三藐三菩提)의 절대평등을 구형하고자 했던 혁명가였기 때문에 가능했다"고 이해한다. 나아가 저자는 "만해의 이러한 모습은 '진짜 스님'이었기에 가능한 일이었으며, 보편적 진리를 시중(時中)의 논리로 재해석할 줄 알았던 눈 밝은 선승이었기에 구현할 수 있었다"고 말하고 있다.

이러한 만해의 노력은 "전통과 민족자존에 기반을 두고 전래

사상인 불교와 서구의 근대자유주의 사상을 탁월하게 결합시킴으로써 확고한 역사관과 세계적 보편성을 지닌 논리를 개진할 수 있었던 좋은 선례를 보여주었다"고 말한다. 여기에서 저자는 민족자존론의 완성자로 만해를 자리매김시키고 있다.

일제시대의 항일 저항논리의 두 축이었던 준비론(실력양성론)과 무장투쟁론 가운데에서 만해는 준비론의 후예인 민족개조론과 차별되는 민족자존론의 기반 위에서 독립운동을 추진하였다. 그리고 그것은 곧 "해 저문 벌판에서 돌아가는 길을 잃고 해매는 어린 양(羊)이 기루어서"(『님의 침묵』 군말)로 표현되는 것이다.

평전에서 저자는 이러한 만해의 인식을 '행동하는 한국 근대불교의 지성', '구국의 화신', '관자재보살', '의인', '전인적 인간' 등으로 기술하고 있다. 이러한 모습은 방황하는 청년 유천이 '진짜 스님'이 되어 "보편적 진리를 시중(時中)의 논리로 재해석할 수 있었던 눈 밝은 선승이었기에 가능했다"고 평가한다.

4

'민족의 청년'이라는 부제를 단 이 평전에서 저자는 기존의 "만해 연구의 성과를 종합하면서 오늘 우리 민족이 나아가야 할 올바른 방향을 지시하고 있는 만해사상의 진면목이 무엇이고, 지칠 줄 모르고 타올랐던 그의 삶과 행동이 오늘의 우리에게 던지는 질문들은 무엇이며, 우리가 이어받아야 할 정신자세는 어떤 것인가"를 제시하고 있다. 그러면서 "만해의 빛나는 생애와 사상이 방향을 잃고 허둥대는 이 시대 한국인의 한 지표가 되기를 기대"하고 있다.

그런데 평전이라는 형식이 '비평을 곁들인 전기'이며 역사가의 일정한 역사관 또는 세계관을 반영하는 역사적이고 철학적인 작업이라 할 때 이 평전 속의 저자의 사관 내지 세계관은 만해에 묻혀 쉽게 드러나지 않고 있다. 저자가 서두에서 밝힌 바대로 "보다 객관적이면서도 종합적인 만해에 관한 소개서를 절실히 필요"로 한다는 상황은 충분히 이해한다. 하지만 방대한 자료를 섭렵하여 만해 평전의 새로운 지평을 열었다는 면은 공감하면서도 자료의존율이 상대적으로 많다 보니 역사를 바라보는 저자의 사관 내지는 세계관이 제대로 읽혀지지 않는다. 이 점은 저자의 많은 노력에도 불구하고 평전의 의미를 반감시킨다.

인물은 역사의 법정으로부터 자유로울 수 없다. 그렇다면 역사의 법정에선 한 인물을 재판하는 평전의 형식으로 볼 때 변호의 논리만이 아니라 비판의 논리도 있어야만 한다. 서기는 검사와 변호사의 발언을 단지 속기록 할 뿐이지만, 역사가의 임무는 검사와 변호사의 발언을 자신의 의미체계로 해석하는 것이기 때문이다. 우리가 역사의 신을 두려워하는 것은 바로 '평가자의 해석' 이것 때문이다.

2부

역사 이야기

한인(韓印)불교사를 어떻게 볼 것인가

에띠엔 라모뜨의 『인도불교사』
(시공사, 2006)

1. 한인(韓印) 불교교류사의 남상(濫觴)

한국과 물리적으로 이어져 있는 중국 및 일본과 달리 인도는 우리와 삼만리 이상 떨어져 있다. 이러한 물리적 거리[相距]는 우리와 역사적으로 긴밀한 관계 속에 있었던 티베트나 몽골에게서도 동일하게 느껴지고 있다. 하지만 우리가 느끼는 인도와의 심리적 거리는 물리적 거리만큼 멀지는 않다. 다시 말해서 한국과 인도와의 심리적 거리는 고대와 현대에 이르기까지 요동과 만주 및 동해를 공유하면서 온갖 갈등과 화해의 역사를 일구어온 중국과 일본과의 거리보다 멀지만은 않은 것이다. 오히려 우리는 영토와 영해 등의 이해관계로 여러 갈등과 충돌을 일삼고 있는 중국과 일본보다 심리적으로 더 가까운 느낌으로 인도를 받아들이고 있는지도 모르겠다.

우리에게 예로부터 '현두'(賢頭), '연독'(身毒), '축건'(竺乾), '천축'(天竺), '서축'(西竺), '서역'(西域) 등으로 인식되어온 인도는 역사적으로 '불교'라는 고리를 통해 친연성을 확보해 왔다. 지난 19세기 말 이래 영국 식민지를 경험했던 인도와 지난 20세기 초에 일본 식민지를 경험해 온 한국이 진한 동병상련의 마음을 나누어왔던 과거의 사실을 미루어 보면 두 나라는 결코 먼 이국의 나라가 아니다. 저 고대로부터 현대에 이르기까지의 역사적 교류사실이 이를 잘 보여주고 있기 때문이다.

인도로 불법을 구하러 떠났던 중국의 승철(僧哲)을 따라 갔던 고구려의 현유(玄遊)는 스리랑카(師子國)에까지 가서 승려가 되었다. 인도 출신의 마라난타(摩羅難陀) 역시 동진을 거쳐 백제로 건너와 백제불교의 빗장을 열어주었다. 백제의 겸익(謙益) 역시 바다를 건너 인도로 가서 중인도의 상가나대율사에서 5년간 범어를 배우고 율부를 깊이 전공하였다. 그 뒤 그는 인도승 배달다(倍達多) 삼장을 데리고 범본 아비담장 5부 율문을 가지고 귀국하였다. 가야로 들어와 수로왕(42~199)의 왕비가 된 허황옥(許黃玉)은 인도 남부의 야요디아(阿踰陀國)로부터 김해에 들어온 것으로 알려져 있다.

신라 진평왕(579~632) 때의 아리야발마(阿離耶跋摩)는 중국으로 건너간 뒤 다시 장안을 떠나 인도에 이르러 나란타사에서 많은 연구를 하다가 돌아오지 못하고 그곳에서 입적하였다. 같은 시대의 혜업(惠業) 역시 중국으로 갔다가 다시 인도에 이르러 부다가야의 보리사에 머물렀으며 연구와 사경(寫經)에 힘쓰다가 그곳에서 입적하였다. 또 황룡사의 장육존상은 아쇼카왕의 인도를 떠나 수만 킬로의 바다를 거쳐 울산 앞 바다로 건너온 황철(黃鐵)로 조성되었다고 『삼국유사』는 기록하고 있다. 이후 현태(玄泰), 구본(求本), 현각(玄恪), 혜륜(惠輪) 등 많은 승려들이 인도로 떠났으며, 일부는 중도에 돌아오거나 그곳에 이르러 살다가 입적하였다. 현태는 당나라로 귀국했으나 중국에서 입적한 것으로 보인다.

통일신라 성덕왕(702~732) 때의 혜초(慧超)는 당으로 건너가 해로로 인도에 도착하여 오천축의 불교유적지를 순례하였다. 그 뒤 서역 여러 나라를 답사한 뒤 육로로 안서(安西)에 도착하여 활동하다가 그곳에서 생을 마감했다. 경덕왕(742~765) 때의 원표(元表) 역시 당을 거쳐 인도로 순례한 뒤 다시 당나라로 돌아와 그곳에서 입적하였다. 원성왕 때(789) 혜일(惠日)과 함께 당나라로 들어가 혜과(惠果)에게서 밀교를 배운 오진(悟眞)은 중인도로 갔다가 티베트에서 삶을 마쳤다.

고려 충숙왕 때에는 마다가국 왕자로서 출가하여 가섭으로부터 백 여덟 번째로 법을 전해 받은 인도 고승인 지공(指空, 提納薄陀尊者)이 개성에 왔다. 이때 7세였던 나옹 혜근(懶翁 慧勤, 1320~1376)이 숭수사에서 보살계첩을 받은 뒤 다시 38세 때 원나라에서 그를 만나 '그대는 본국으로 돌아가 세 산과 두 물 사이를 택해 살면 불법이 저절로 흥할 것이다'는 부촉을 받고 돌아와 양주 회암사에 머물렀다.

대한시대의 이영재(1900~1927)는 일본 유학을 거쳐 다시 스리랑카로 갔으나 끝내 돌아오지 못하고 그곳에서 생을 마쳤다. 지난 육십년대 초의 원의범(1922~)은 현대 최초의 인도유학생이 되어 바라나시 대학에서 공부하고 돌아왔다. 이후 많은 한국인들이 인도 및 스리랑카에 유학하고 있고 인도인들 역시 한국에 유학하고 있다. 하여 정보기술의 강국 인도와 한국은 이제 불교를 비롯한 전 방위의 인적·물적 교류를 통해 매우 우호적인 관계를 유지하고 있다.

이러한 맥락에서 보면 인도와 우리는 결코 멀리 있는 나라가 아니다. 더욱이 인도와 한국의 관계는 모두 불교를 매개하여 이루어져왔다는 종래의 사실에 미루어 보면 에띠엔 라모뜨의 『인도불교사』의 번역은 지난 이천년 동안의 한인 불교교류의 역사를 환기시켜 주고 있다.

2. 관념세계에서 현실세계로의 도출

한 분야의 통사가 쓰여진다고 할 때 우리는 통사의 기술 자체가 이미 새로운 역사적 사건을 의미한다는 사실을 알게 된다. 통사는 아무나 쓰는 것이 아니며, 쓴다고 해서 다 통사가 되는 것도 아니다. 때문에 하나의 통사가 탄생된다는 것 자체가 하나의 사건이 될 수밖에 없는 것이다. 그렇다면 통사는 누가 쓰는 것이며, 또 어떻게 써야만 하는가. 통사를 쓰는 사가들은 오랜 세월의 준비 끝에 전사를 쓰게 된다. 하여 사가 역시 통사를 기술하는 과정에서 끊임없이 '누가'와 '어떻게'라는 물음을 반문하면서 그 지난한 집필의 여정을 감내할 수밖에 없게 된다.

때문에 무수한 유물과 유적과 기록들이 사가의 의식 속에서 어떻게 취사 선택되며, 어떠한 역사인식의 기초 위에서 역사가 기술되는가가 중요하다고 할 것이다. 각종 사료에는 이미 이와 같은 사가의 역사인식이 투영되어 있다. 하여 불교 전승의 여러 기록에는 기본적으로 개별 사가의 역사인식에 기초한 기록들과 그것을 넘어서는 기록들 사이에 상호 모순과 충돌이 내재해 있는 것이다. 따라서 역사적인 진실과 경이로운 사실이 충돌할 때 사가들에게는 가치중립적인 균형 감각이 필수적으로 요청된다. 결국 통사를 쓰려는 사가들의 과제는 바로 역사와 경이의 충돌을 어떻게 해석하여 기술할 것인가로 모아지게 된다.

라모뜨는 이러한 과제에 대해 "두려워하지 않고 여러 관점들을 강조하거나 모순들을 지적"하면서 다음과 같이 기술해야 한다고 말하고 있다.

불교 전승은 경이로운 일에 싸여 있다. 어떤 부파들은 그것을 축소하기도 하고 또 어떤 부파들은 과장하기도 했지만, 경이로운 일은 도처에 나오고 있다. 우리는 서구적 합리주의의 이름으로 그것을 제거해 버리려고 하지 않고 그대로 받아들였다. 그것을 무시해 버리는 것은 독자들에게 불교의 희화적인 모습을 보여주는 것이 될 뿐, 여전히 역사적인 진실에는 도달하지 못한다. 사실의 진상을 알아내기 위해서는 전설을 버리는 것만으로는 충분하지 않다. 경이로운 일이 자료에서 항상 차지했던 자리를 그것에 남겨줌으로써, 우리는 붇다 제자들의 정신상태를 좀 더 충실하게 반영할 수 있다고 믿는다. 우리가 추구하는 연구의 진정한 목표는 이런 정신상태이지, 파악하기 어려울 뿐만 아니라 파악할 수도 없는 역사적 확실성이 아니다. 게다가 자료들을 대조하는 것과 인물과 동물 모습을 새긴 기념물들로써 문헌들을 확인하는 것은, 가장 명백한 허구적인 사실들을 일소하고, 받아들일 만한 관점에서 전통을 제시하는 것으로 충분하다.

라모뜨는 '경이로운 일'에 대해 '축소'와 '과장'해 온 종래 통사들의 입장과는 다른 시각을 견지하고 있다. 그는 "경이로운 일이 자료에서 항상 차지했던 자리를 그것에 남겨줌으로써, 붇다 제자들의 정신상태를 좀 더 충실하게 반영할 수 있다"고 믿고 있다. 그래서 그는 "우리가 추구하는 연구의 진정한 목표는 이런 정신상태"라고 힘주어 말하고 있다.

하여 "자료들을 대조하는 것과 인물과 동물 모습을 새긴 기념물들로써 문헌들을 확인하는 것은, 가장 명백한 허구적인 사실들을 일소하고, 받아들일 만한 관점에서 전통을 제시하는 것으로 충분하다"고 했다. 그러면서 그는 "보다 처리하기 어려운 점은 여러 문헌에 수없이 많이 나오는 모순들에 대해 취해야 할 태도"라고 역설하고 있다.

라모뜨는 "불교에서 부족한 역사적인 틀 속에 불교를 재정립해서, 스스로 칩거한 관념의 세계로부터 불교를 현실세계로 이끌어 내려"고 애쓰고 있다. 그래서 그는 "끊임없이 비문들을 참고하고, 연대기들을 체계적으로 검토하고, 중국 순례자들이 제공해준 지리적인 영역의 정보들을 정리함으로써, 어느 정도 그 목적을 달성할 수 있게" 하였다고 고백한다. "관념세계에서 현실세계에로 도출시키려는" 이러한 그의 태도는 『인도불교사』의 내에서 어느 정도 견지되고 있다.

라모뜨는 "불교에 끼친 외국의 영향에 관한 문제"에 대해서 대단히 신중한 태도를 취하고 있다. 그러면서도 그는 "자발적으로 모든 존재들에게 자신을 개방한 불교는 보편적인 종교라는 명칭을 정당하게 주장할 수 있다"고 기술하고 있다. 라모뜨는 "역사의 첫 몇 세기 동안 불교는 인도적인 현상이었을 뿐이었지만 시간이 경과함에 따라 아시아 대륙의 가장 넓은 부분을 정복했다"고 파악하면서 "불교 전도사들은 그들이 인도인이라는 이유 때문에 야바나인들과 함께 그리스인이 되고, 샤까족과 함께 스키타이인이 되고, 중국인들과 함께 도교 신도가 되는데 전혀 어려움이 없었다"고 말한다.

이것은 불교를 "그리스에서는 그리스인들 이외에, 로마에서는 로마인들 이외에 다른 스승들을 가지지 않는 것"이라는 퓌스텔 드 꿀랑주의 말과는 다른 관점이다. '스스로 칩거한 관념'의 자기를 고집하지 않는 점이 불교가 지니고 있는 개방성과 관용성이라 할 수 있다. 즉 스스로 칩거한 관념세계로부터의 벗어남은 연기성(緣起)과 비고유성(無自性)과 비실체성(空性)을 기반으로 하는 불교 세계관에서 볼 때 너무나 당연한 일이었던 것이다. 다시 말해서 연기성 위에 기초하여 자기를 고집함이 없는 '무주'(無住) 혹은 '부주'(不住)와 같이 어느 시간과 공간 속에 들어가 그들과 뒤섞여 도리어 그들을 새롭게 되살려내는 것이 불교의 본래적 속성이었던 것이다.

3. 불교 첫 몇 백 년 동안의 역사 기술

인도불교역사는 '인도'와 '불교'와 '역사'의 조합어이다. 인도는 아시아의 한 부분을 차지하는 소아시아이고, 불교는 아시아의 여타 종교철학에 상응하는 체계이며, 역사는 철학과 문학 등에 접목되는 시간의 흐름을 말한다. 이 시간의 흐름 위에서 인도와 불교가 만나 '인도불교사'가 이뤄진 것이다. 때문에 인도+불교+역사가 '인도불교사'라는 고유명사로 명명되는 것 자체가 이미 인도인들의 토양과 역사와 문화의 숙성과 발효의 결과인 것이다.

벨기에 출신의 가톨릭 사제이자 루벵대학과 로마의 사피엔

자 대학 등에서 신학과 철학 및 고전문헌학을 공부한 에띠엔 라모뜨 신부(1903~1983)는 다시 루이 드 라 발레 뿌생과 실벵 레비의 문하에서 불교연구를 시작하여 45년 동안 루벵대학에서 고전문헌학과 인도-불교학을 가르쳤다. 여러 사본과 문헌 분석에 기초하여 펴낸 그의『대승성업론』,『해심밀경』,『섭대승론』,『유마경』,『수능엄삼매경』,『대지도론』 등의 프랑스어 번역과 주석이 학계에서 널리 통용되고 있다. 특히 그의 대표작인『인도불교사』(1958)는 이 분야의 통사 가운데에서 가장 방대한 저작 중의 하나이다. 호진(浩眞) 화상은 이 저작을 8년에 걸쳐 상하(상권 858면, 하권 594면) 두 책으로 번역해 내었다.

라모뜨가 1949년부터 1958년까지 10년 동안 심혈을 기울여 기술한 이『인도불교사』는 유럽학자들에 의해 "불교 연구 역사에 있어 한 시대의 획을 긋는 기념비적인 저술"이라는 평가를 받았다. 종래 인도철학의 집대성으로 평가되는 다스굽타의『인도철학사』(5권) 및 라다크리슈난의『인도철학사』(1929, 2권) 두 종 모두가 인도철학 속에서의 불교철학의 위상을 밝히는 데에 치중하고 있는 것과 달리 이 책은 불교 중심의 통사라는 점에서 그 독자성이 있는 것이다. 이 책은 1988년에 영어로도 번역되어 동서양에 널리 알려졌다.

라모뜨의 저작 이전에도 불교와 인도종교 및 철학 관련 저작으로는 외젠 뷔르누프의『인도불교사입문』(1845), 케른의『인도불교역사』(1882~1884), 르누와 필리오자의『인도고

전』(1947~1953), 폰 글라즈납의 『인도종교』(1943)와 『인도철학』, 프라우발너의 『인도철학사』(1953~1956) 등이 있었다. 하지만 이들 저작들에 대해서는 라모뜨 스스로 "인도불교역사에 관한 뛰어난 개요들이 포함되어 있지만, 아무래도 개설적인 수준을 넘지 못한다"고 평가하고 있다. 종래 저작들에 대해 이렇게 평가한 라모뜨에게 인도불교역사를 다시 쓰도록 권유했던 알프레드 푸쉐는 그의 『인도불교사』 집필의 동기 부여자라고 할 수 있을 것이다.

라모뜨의 이 책은 인도 고대 불교 역사를 서술하고 있다. 전통적인 표현에 따르면 이 기간의 불교는 흔히 '상좌'(上座, 스타비라)불교라고 부른다. 즉 불교의 기원(서력 기원전 6세기)에서부터 샤까 시대 초(서력 기원후 1세기 말)까지 기술하고 있다. 하지만 이 텍스트는 상좌불교 이후에 전개된 중관과 유식 및 밀교로 이어지는 대승 및 금강승에 대한 논구와 각 시대적 성격 및 국가사적 전개를 다루고 있지 못하다. 이 때문에 이 책은 많은 장점에도 불구하고 인도불교전사를 다루지 못하고 있다는 점에서 한계를 지니고 있다고 할 수 있다.

이 저작은 불교적인 사실들이 포함되어 있는 인도 역사에 대한 서술을 연대기적으로 시작하고 있다. 이 연대기적 서술 속에서 저자는 인도 역사 속에서 불교가 어떻게 자리매김 되어 왔는지에 대해 심혈을 기울여 기술하고 있다. 전 7장 가운데 앞의 5장을 '붇다 시대의 인도', '마가다 시대', '마우리야 시대',

'숭가왕조와 야바나왕조 시대', '샤까－빠흘라바 시대'로 구분하여 기술하고 있다. 그런 뒤에 제6장에 '부파불교'를, 제7장에 '불교라는 종교'를 쓴 뒤 마지막에다 '아쇼까의 새로운 법칙들과 두 가지 언어로 된 깐다하르 비문'을 덧붙이고(補遺) 있다.

라모뜨는 인도에서 얻을 수 있는 새로운 필사본들을 비롯하여, 그리스와 라틴, 중앙아시아, 중국과 티베트 자료들을 활용하고 있으며, 각종 금석문들과 고고학적 발견물들까지 적극적으로 원용하면서 기술함으로써 여타의 저작과의 차별성을 극대화시키고 있다. 이 저작이 간행된 반세기 이후가 지났는데도 영미권에서 이 책을 능가할 고대 인도불교 역사책이 출현하지 않고 있다는 점에서 이 책이 지니고 있는 권위와 위상은 독보적이라고 할 수 있다.

총 7장으로 구성된 이 책은 1장에서 5장까지의 인도 역사에 대한 연대기에서 각 장마다 '이 시대의 특징들'을 요약한 뒤 역사적－지리적 자료 혹은 역사적인 사실들 및 불교의 전설과 전승의 검토 위에서 기술하고 있다. 즉 샤까무니 붇다의 연대와 생애, 초기불교 교리, 교단의 조직, 불교교단, 불교의 전설과 전승, 성전의 성립과 발달, 결집과 불교의 언어, 부파의 기원, 전도와 전파, 아비다르마의 발전, 조각과 건축, 유적의 발굴, 문헌학, 금석학, 고전학 등 고대 인도불교의 거의 모든 분야를 망라하고 있다는 점에서 이 텍스트는 통사로서의 장점을 유감없이 보여주고 있다.

제6장의 '부파불교'에서는 붇다의 말씀을 최대한 널리 전파하기 위해 필요한 만큼의 많은 언어로 그것을 옮김으로써 붇다의 말씀을 보급시킨 고대 마가다어, 빨리어, 서북지방의 쁘라끄리띠어, 혼합 산스끄리뜨, 그리고 불교 산스끄리뜨 등 불교언어의 형성문제와 부파의 기원과 분포 및 업적을 다루고 있다.

제7장의 '불교라는 종교'에서는 철학－신비적인 메시지였던 불교가 정법이 통과한 단계, 신격화된 붇다, 신화, 성인전, 메시아적 소망, 불교의 이차적인 형태 등이 깊이 뒤섞인 예배 등을 갖춘 하나의 진정한 종교로 탈바꿈하게 된 변화에 대한 연구를 통해 종교적인 관념의 발전에 미친 대중과 재가신도들에게 붇다의 전설이 어떠한 영향을 끼쳤는가에 대해 자세히 기술하고 있다.

이 책의 특징 중에서 두드러진 점은 각 장마다 원전 자료에 의거하면서 그것에 충실하려는 자세가 돋보인다는 것이다. 지역적으로도 인도 북부 지방인 카슈미르와 간다라 및 스리랑카 등지의 불교까지 다루고 있는 점도 주목을 요하는 대목이다. 이런 점은 오늘의 국가 개념에 구애받지 않고 인도 당시 불교문화의 영토를 의식하면서 기술했기 때문인 것으로 보인다. 방대한 참고문헌과 약어표 및 각종 사진과 색인 등이 달린 번역본은 한글판 『인도불교사』로서의 미덕을 잘 보여주고 있다.

4. 한국불교통사 간행의 촉매

한국과 인도 사이의 심리적인 거리가 물리적인 거리를 극복하고 있음에도 불구하고 여전히 한국불교 역사와 인도불교 역사 사이에는 어느 정도의 거리가 내재해 있다. 그것은 곧 인도 유러피안 언어권으로 분류되는 인도문화와 달리 한자문화권으로 분류되는 한국문화의 차이에서 비롯되는 것일 것이다. 외형적으로 보면 한국문화는 같은 언어문화권인 중국문화와 일본문화와 친연성이 매우 깊다고 할 수 있다.

하지만 불교와 문화가 화회된 불교문화의 연속성 위에서 살펴볼 때 인도불교문화와 한국불교문화는 중국과 일본 불교문화에 비해 그렇게 멀게만 느껴지지 않는다. 다만 사용하는 언어문화권이 달라 일차적인 접근을 어렵게 하고 있을 뿐이다. 직립으로 얻은 인간의 언어는 '개념화'로 표현되는 문화의 최소단위이다. 범어 '다르마'와 '까르마' 및 한문 '법'과 '업' 사이에는 어느 정도의 문화적 거리가 반영되어 있다. 그러나 이 문화적 거리 혹은 영토의 낯섬조차도 불교라는 맨 얼굴과 만나게 되면 좀더 친연성을 획득할 수 있게 된다.

때문에 지금 여기의 역사적 지평 위에서 진리의 보편성과 문화의 특수성이 어떻게 만나는가가 중요한 관건이 된다고 할 수 있다. 중국 초기의 격의(格義)불교시대에는 '공'(空)을 '무'(無)로, '열반'(涅槃)을 '무위'(無爲)로 '진여'(眞如)를 '본무'(本無)

로 옮겼다. 불교의 영토가 넓어지면서 점차 '공'을 '공'으로, '열반'을 '열반'으로, '진여'를 '진여'로 이해할 수 있게 되었다. 인도와 한국 사이에서도 일정기간의 격의의 터널만 벗어나게 되면 밝은 하늘 아래에서 두 문화의 기호는 쉽게 만날 수 있을 것이다. 그렇게 되면 인도불교역사와 한국불교역사 사이의 이물감은 쉽게 해소될 수 있을 것이다.

한국과 인도 두 나라의 진정한 만남을 이루기 위해서는 어깨를 견줄 수 있는 통사들이 우리말로 집필되거나 간행되어야 한다. 다시 말해서 한국 불교가 인도와 중국과 일본 불교의 '연장'과 '종속'과 '이식'이 아니라 그들과 대등한 불교임을 보여주기 위해서는 무엇보다도 한국불교역사의 기술이 본격화되어야 한다. 그것은 곧 한국과 인도와 중국과 일본의 상호 '인정'과 '배려' 위에서 '대화'가 이루어지고 '소통'이 이루어져서 '행복'(건강)한 삶이 이루어진다는 사실에 대한 깊은 자각 위에서 가능한 일이다. 인도불교역사와 한국불교역사가 대등한 관계 위에서 서로를 인정하고 배려하고 대화하고 소통하여 행복한 삶으로 펼쳐지기 위해서는 우리 모두에게 인정받는 권위 있는 『한국불교사』의 탄생이 요청된다.

민족문화의 7할 이상이 불교문화라고 하면서도 우리에게는 아직 한국인 전체가 공유할 수 있는 『한국불교사』가 부재하고 있다. 인도와 중국과 일본을 아우르는 한국불교의 지평은 어느 분야보다도 깊이와 폭이 넓다고 할 수 있다. 불도유와 문사철과 계정혜와 선교(禪教)가 화회되어 있는 한국불교의 내포와 외연을 온전히 직조해 낸 『한국불교사』가 간행될 때 한국에서의 불교의 위상은 굳건히 확보될 것이다. 그리고 새로운 연구 성과를 지속적으로 수용하고 증보해 낸 『한국불교사』가 만인들에게 사랑을 받으며 널리 읽히게 될 때 우리는 한국불교문화에 대한 드높은 자긍심을 가지게 될 것이다.

에띠엔 라모뜨의 한글판 『인도불교사』 출간은 실크로드의 원류지인 '인도의 불교통사'의 간행이라는 의미를 넘어 비단길의 종착지인 '한국의 불교통사' 간행을 기원하는 촉매제라 할 수 있다. 이제 우리는 한글판 『인도불교사』의 출판을 계기로 삼아 불교적 사관 위에서 기술된 권위 있는 『한국불교사』 간행에 총력을 기울여야 할 때이다. 그리하여 만인에게 읽힐 수 있는 '한국불교통사'를 출간해 낼 때 비로소 한국과 인도 불교의 대등한 만남이 이루어질 것이다. 그리고 그러한 작업은 곧 한중불교사나 한일불교사와의 관계설정에서도 대등한 지평을 유지하는 지름길이 될 것이다.

한중(韓中)불교사를 어떻게 볼 것인가

K. S. 케네쓰 첸의『중국불교』
(민족사, 1995)

1. 한중불교사의 연속과 불연속

한국과 중국은 오랫동안 함께 살아 왔다. 즉 요서와 요동 및 동북 삼성의 영토와 서해의 영해를 밀고 당기며 각기 자존의 역사를 일구어 왔다. 중원 일대 및 요녕성－길림성－흑룡강성의 동북 삼성 그리고 한반도를 무대로 해 왔던 한국과 양자강과 황하 주변 및 파촉까지 무대를 확장했던 중국은 '전쟁'과 '화해' 외교 및 '조공'과 '책봉' 의례 속에서 상호 관계를 유지해 왔다. 하여 지난 반만년 동안 우리의 고조선과 부여 및 고구려와 발해 그리고 제(齊, 李正己 帝國)의 강역은 중국의 영토 확장과 부딪치면서 '서토'에 맞서는 '동토'임을 자임해 왔다.

이러한 갈등에도 불구하고 평화를 지향하는 불교를 통해 어느 정도 우호적인 관계를 유지해올 수 있었던 것은 매우 특기할 만한 사실이라고 할 수 있다. 한중불교사는 전진(前秦)왕 부견(符堅)이 파견한 승려 순도(順道)에 의해 고구려 소수림왕 2년(372년)에 공식 전래 수용되면서부터 시작되었고, 백제의 침류왕 때(384년)는 동진(東晋)의 마라난타(摩羅難陀)가 들어오면서 연속되었다. 뒤이어 통일신라의 원효(元曉, 617~ 686)와 의상(義湘, 625~702)을 비롯한 한국 불교사상가들의 독자적인 성취가 이루어지면서부터 불연속의 역사가 이루어져 왔다.

일찍부터 이루어진 동양과 서양의 만남과 인도와 중국의 만남에서 가장 주요한 매개 고리는 불교였다. 불교 선진국을 출발한 셀 수 없는 전법승(傳法僧)들과 일부 상인들 그리고 불교를 받아들이기 위한 헬 수 없는 구법승(求法僧)들에 의해 동서 교류의 물꼬는 활짝 열렸다. 특히 불교는 하나의 종교로서만이 아니라 새로운 문화로서 동류(東流)해 오면서 서양과 인도 사이의 문화의 통로를 열었다. 해서 세계의 지붕인 히말라야 산맥을 넘어 동서의 주요 통로 역할을 하였던 불교는 낯선 두 문명과 문화가 부드럽게 만날 수 있도록 해 주었다.

불교는 비실체적 세계관과 관용의 정신을 통해 인접 세계관에 지대한 영향을 끼쳤다. 일찍이 무아의 세계관에 기초하여 자기를 고집하지 않는 불교의 중도 연기적 세계관은 인도 힌두교의 형성에 지대한 계기를 마련해 주었다. 뿐만 아니라 불교의 종교적 요소는 중국 도교의 형성에 절대적 공헌을 하였으며, 나아가 불교의 철학적 전통은 종래 유교를 신유학으로 변용시키는 주요한 역할을 하였다. 하여 불교는 중국인들의 사고방식과 사유체계를 보다 풍부하고 유연하게 만들었으며 불교의 사유체계 역시 이전보다 훨씬 더 입체화 되었다.

중국의 불교는 인도의 불교를 받아들이면서도 중국인들의 체질과 토양 및 기후와 기질이 반영됨으로써 다양한 모습으로 변용되었다. 즉 우주관을 비롯하여 세계관 및 인간관 그리고 문화적 영역에 이르기까지 전혀 새로운 모습으로 변주되었다. 해서 동아시아 일부학자들은 불교의 본령은 오히려 중국으로부터 시작되었고 중국에서 체계화되었다고 파악하려고까지 하고 있다.

그 이유는 여러 가지로 해명할 수 있겠지만 탄생지인 인도에서 불교가 위축되고 있는 사이 오히려 전래지인 중국에서 불교가 더욱 더 꽃을 피웠기 때문이다. 그러나 중국인들은 불교를 받아들이되 단순한 수용이 아니라 그것을 새롭게 변모시켜 '중국불교'로 변용시켰다. 동시에 종래의 유교와 도교는 불교를 통해 오히려 자내의 사상을 더 강화하였고 광범위한 문화적 훈습을 받았다. 그 결과 중국불교는 단순히 중국의 불교에 머물지 않고 중국사상사에 광범위하게 스며들어감으로써 수당(隋唐) 대에 이르러서는 중국 사유의 중심부에 자리하기에 이르렀다.

때문에 더 넓은 변용의 지평을 머금고 있는 '중국 불교에 관한 종합적인 역사적 개괄'을 시도한다는 것은 용이한 일이 아니다. 가급적 타자로서의 중국이 아니라 어느 정도 자내의 지평을 계승하고 있는 관점을 지닌 필자여야만 이러한 개관이 가능할 것으로 보인다. 따라서 '중국의 문화와 역사에 대한 어느 정도의 특별한 관심'과 '극동의 종교와 역사에 대한 일반적인 지식을 가지고 있으며', '중국에서 불교의 발전에 관하여 더 자세히 알고자 하는 사람들을 대상으로 한' 것이며, '중국 및 동아시아의 문화와 역사를 다루는 과목의 보조교재로 사용될 수 있을 것'으로 규정하고 있는 케네쓰 첸의 『중국불교』는 비교적 쉽고 명료하게 중국불교 전반을 다루었다는 점에서 주목을 받아온 저술이다.

고전은 헬 수 없는 시공의 비판의 칼날을 견디고 살아남은 책이다. 때문에 고전은 단순히 오래된 책만을 일컫지 않는다. 우리는 고전 속에서 '동시대성을 발견'한다. 동시에 '있는 것과 있어야 할 것 사이의 거리의 최소화'와 '살아있는 것들의 생물학적 조건의 동일성 확보'라는 보편성을 발견하게 된다. 해서 고전은 끊임없이 거듭 살아나는 책이자 해석되어지는 책이며, 새로운 독자를 만나는 책이다. 중국불교 통사 분야의 고전적 작품으로서 이미 약 반세기 전인 1963년 12월에 간행된 케네쓰 첸의 역저 『중국불교』(Buddhism in China – A Historical Survey) 역시 그런 책의 반열에 오른 책이라 할 수 있다. 이 책은 그의 전 저작 중에서 가장 대표적이며 중국불교 이해의 '표준'(standard)으로서 자리하고 있다.

2. 중국불교 이해의 '표준' 혹은 '지남'

통사는 한 문명의 어제와 오늘을 보여주는 책이라 할 수 있다. 거기에는 해당 민족의 토양과 기후 및 기질과 언어 등 한 민족의 모든 것이 담겨 있다. 때문에 통사는 해당 민족을 이해하는 가장 주요한 기제가 된다. 통사는 정치, 경제, 사회, 문화, 과학의 날줄이 세로축을 세우고, 문학, 사학, 철학, 종교, 예술의 씨줄이 가로축을 펼쳐서 직조하는 피륙과도 같다. 이 피륙에는 당대 사람들의 시간 이해와 공간 인식 뿐만 아니라 그들의 이해와 요구가 투영되어있다. 또 통사라는 이름 속에는 이미 사가의 사관에 의해 해당 민족의 토양과 기후와 기질과 언어 등이 입체적으로 교직되어 기술되어 있다.

사가는 먼저 시대구분의 포석이라 할 주춧돌을 각 모퉁이에 세우고, 그 위에 일관된 논지의 기둥들을 세운다. 그 다음에 각 기둥들을 아우르는 사관의 대들보와 통사의 용마루를 올린다. 그리하여 온전한 통사의 집 한 채가 지어졌을 때 비로소 뭇 사람들이 그 집에 드나들며 손때를 묻히고 휴식을 취하는 것이다. 때문에 통사를 쓰는 역사가는 한 시대의 집 한 채를 짓는 도편수요, 사상가요, 철학자라 할 수 있다. 이처럼 역사가는 통사의 기술을 통해 비로소 한 시대가 안고 있는 모든 빚을 되갚아가는 것이다.

이러한 작업은 누구나 할 수 있는 일이 아니다. 동시에 아무나 역사를 쓴다고 해서 다 통사가 되는 것은 아니다. 통사를 쓰는 역사가는 오직 하늘이 내린다고 했다. 설사 통사로 평가될 수 있는 해당 역사가의 저작이라 하더라도 당대 사람들에 의해 '받아 지니고 읽고 외움'[受持讀誦]의 과정을 통해 비로소 통사로서의 위상을 확보할 수 있게 되는 것이다. 때문에 하와이의 호놀룰루에서 중국계 미국인으로 태어난 케네쓰 첸(Kenneth K. S. CH'en, 1907~ ?)은 중국불교통사의 집을 짓는 도편수가 되기에 적합한 적임자라 할 수 있다. 그는 하와이대학, 연경대학, 캘리포니아대학을 거쳐 하버드 대학에서 수학하였고, 불교와 인도문헌학으로 하버드 대학에서 박사학위를 받은 학자이다.

이어 그는 위의 대학들에서 인도 및 동아시아 불교사를 강의하였으며 프린스턴 대학 교수로 후학들을 지도하다가 은퇴하였다. 그에게는 주요 전공인 인도 및 중국불교에 관한 다수의 논문이 있으며, 대표작으로는 『중국불교』를 비롯하여 『불교, 아시아의 빛』(Buddhism, The Light of Asia), 『불교의 중국적 변환』(The Chinese Transformation of Buddhism) 등이 있다. 이들 속에는 중국과 무관한 타자로서가 아닌 주체로서의 그의 진한 자긍심과 정체성이 투영되어 있다. 이 때문에 그의 오랜 작업 끝에 나온 이 저작들은 모두 이 분야의 필독서가 되어 있다.

케네쓰 첸의 『중국불교』는 전래의 제1부, 성장과 토착화의 제2부, 성숙과 융합의 제3부, 쇠퇴의 제4부, 결론의 제5부로 짜여 있다. 이 5부의 주춧돌과 기둥은 다시 총 18장의 작은 기둥으로 퍼져가고 있다. 총론 부분에 해당하는 제1부 전래 속의 제1장의 배경은 인도에서의 불교의 기원과 발달에 관해 문외한도 알아들을 수 있는 쉬운 문체로 아주 요령있게 정리해 주고 있다. 제2장의 전래와 초기의 전개－한(漢)은 중국불교의 출발을 불도유(佛道儒) 삼교의 여러 자료를 참고하고 논구하여 정합성 있게 재구성하고 있다.

제2부는 제3장인 '초기의 접촉과 반응', 제4장인 '동진시대의 고승들', 제5장인 '발전과 저항－남조'(南朝), 제6장인 '이민족의 불교 수용－북조', 제7장인 '탄압과 승리－북주와 수'(隋)의 총5장으로 되어 있다. 제3부는 제8장의 '절정－당'(唐)과 제9장의 '승단의 체제', 제10장의 '사원과 대중불교', 제11장의 '종파불교'(1), 제12장의 '종파불교'(2), 제13장의 '한역대장경'의 총6장으로 되어 있다. 제4부는 제14장인 '위대한 전통의 유풍－송', 제15장인 '이민족의 지배－요, 금, 원', 제16장인 '퇴보와 몰락－명, 청', 제17장인 '개혁과 변화－현대'의 총 4장으로 되어 있다. 제5부는 제18장의 '중국문화에 대한 불교의 공헌'으로 마무리 짓고 있다.

이 저술의 주요한 특징 중의 하나는 각 장의 참고문헌이 적게는 40여종 내외에서 많게는 60여종 내외에 이를 정도로 방대하다는 점이다. 그것도 단행본뿐만 아니라 각종 학술 관련 논저들에서 일일이 그 근거를 밝히고 있고, 나아가 해당 참고문헌의 주요 논지를 뽑아 적고 있다는 점이다. 그것도 영서를 비롯하여 중서와 일서 및 한문 고전본 등 해당 분야의 주요 선행 연구를 총 망라하여 분석하고 있다는 점이다. 하여 『중국불교』가 여타의 저술과 비교할 수 없을 정도의 치밀한 논증 위에서 집필되었다는 사실을 우리는 읽어낼 수 있다.

물론 이 같은 다수의 참고문헌으로 인해 저자의 논지 대부분이 이 저술에 의존하고 있는 것은 아닌가라는 의문을 가질 수도 있다. 과도한 참고문헌을 덧붙인 대부분의 책들이 그같은 오류를 범할 가능성이 상존해 있기 때문이다. 하지만 이 책의 저자는 그러한 오류를 범하지 않고 오히려 그 같은 선행 연구들을 요령있게 소화하여 자신의 것으로 원용하고 있다. 때문에 도리어 다수의 참고문헌은 이 저자의 학자적 엄밀성과 치열성의 근거를 보여주고 있는 증좌가 된다. 더욱이 이 책이 성실성과 대중성을 지닌 문체까지 확보하고 있다는 점에서 케네쓰 첸의 『중국불교』가 지닌 중국불교 연구사에서의 역사적 의미와 학문적 신뢰를 더욱 배가시키고 있다.

3. 중국불교사를 넘어서는 중국불교 개관

이천 여년의 중국 불교사를 일관된 관점 위에서 하나의 통사로 꿰는 작업은 대단한 집중력과 높고 깊은 안목을 요구하는 일이다. 더욱이 그 같이 긴 역사를 전문성과 대중성이 만날 수 있는 통로를 확보하면서 기술한다는 일은 쉬운 일이 아니다. 에세이와 같은 대중성과 논저류와 같은 전문성의 효율적 만남 여부는 아무래도 해당 저자의 능력에 전적으로 의지할 수밖에 없다. 문학이 가지는 대중성과 철학이 가지는 전문성이 역사 속에서 구현되기 위해서는 저자의 활달한 필력과 엄밀한 사관이 만나야만 가능한 것이다.

적어도 케네쓰 첸의 『중국불교』는 이 두 가지를 어느 정도 만족시키고 있는 작품이라 할 수 있다. 그의 '해박한 지식'과 '예리한 안목'은 '활달한 필력'과 '엄밀한 사관'으로 피어나 중국불교통사의 꽃으로 피어나고 있다. 그는 인도에서 생성된 불교가 이질적인 문화적 전통 속에서 어떻게 변용되어 갔는가를 생생하게 기술함으로써 통사가 지니는 무미건조함을 어느 정도 극복하고 있다. 이 책의 뚜렷한 장점은 "중국의 불교가 어떠한 과정을 거쳐 인도불교와 달라졌는가를 객관적인 시각에서 비교 서술하여 중국불교의 특징을 뚜렷하게 제시함으로써 단순한 중국불교사의 범위를 넘어서고 있다"는 점이다.

중국에서 불교에 대한 연구가 커다란 중요성을 갖는 까닭은 그것이 전 역사를 통하여 중국인의 생활방식에 영향을 미쳐왔기 때문이다. 최근의 수세기 동안 중국에서 불교가 쇠퇴하였다는 이유 때문에, 이 종교가 명성과 인기를 누리던 시대에 여러 가지로 중국문화에 영향을 주었으며 중국인들의 삶에 지속적인 자취를 남겼다는 사실을 간과해서는 아니될 것이다. 신유학(新儒學)은 다양한 불교적 사유에 자극되어 발달한 것이며, 도교(道敎)의 경전과 신 등의 요소는 불교에서 가져간 것들이다. 불교용어에 기원을 두고 있는 단어와 성어들이 중국어에 남아있으며 천문학(天文學), 역학(曆學), 의학(醫學) 등의 연구에서 중국인들은 인도의 승려들이 가져온 지식의 혜택을 입었다. 그리고 무엇보다도 중요한 점은 중국인들의 종교적 삶이 불교가 가지고 온 교리와 수행 및 신격과 의례에 의하여 깊은 영향을 받았다는 사실이다.

제1장의 '배경' 서두에 나타난 중국불교에 대한 저자의 관점은 분명하다. 중국인의 생활방식에 깊은 영향을 끼쳐왔던 불교가 최근의 수세기 동안 중국에서 쇠퇴하였다는 이유로 인해 그동안 미쳐온 주요한 역할을 잊어버려서는 아니된다고 역설하고 있다. 신유학과 도교의 성립을 비롯하여 중국어에 남아있는 단어와 성어들의 흔적 그리고 천문학과 역학 및 의학 등의 연구에서 인도 승려들에게 입은 광범위한 지식의 혜택을 지적

하고 있다. 그 가운데에서도 불교의 교리와 수행 및 신격과 의례의 의해 중국인들의 종교적 삶이 깊은 영향을 받았다는 점은 저자가 강조하는 대목이다. 저자는 바로 이러한 주요한 시각을 가지고 중국불교 통사를 기술해 가고 있다.

격의(格義)불교시대를 거쳐 본의(本義)불교시대로 들어서자 불교 영토가 넓어지면서 불교문화는 중국 전역에 뿌리내려져 갔다. 그 결과 인도에서 들어온 불교는 이제 중국 전역에 지대한 영향을 미치면서 '중국불교화' 되어 갔다. 케네쓰 첸은 '결론'인 제18장 '중국문화에 대한 불교의 공헌'에서 아래와 같이 말하고 있다.

지금까지 2천년 가량 되는 중국불교의 일생을 개관해 보았다. 이러한 대략적인 역사에서는 불교의 모든 분야에 대한 탐구가 불가능하였다. 다만 중요한 움직임과 중요한 사건들, 그리고 거기에 연관된 두드러지는 인물들만을 다루었다. 중국에서 불교가 성장하고 중국인들에게 받아들여지는 단계들을 보여주었으며, 가장 대중화되었을 때 이 종교가 담당했던 역할을 설명하였다. 이런 절정의 바로 뒤에 불교는 지적, 학문적 정열의 이완을 겪기 시작하였다. 이에 따라 그 뒤의 천년 동안에도 불교의 외적 상징은 여전히 존재하였지만 내적 역동성은 더 이상 존재하지 않았다. 그러나 쇠락하기 전에 불교는 중국문화에 중요한 공헌을 하였으며, 쇠락한 뒤에도 사상과 문학, 언어, 예술, 과학 등 여러 분야에 걸쳐 중국인들의 삶에 계속 영향을 미쳤다.

저자는 이 책에서 중국불교의 일생 중 '중요한 움직임'과 '중요한 사건들' 그리고 '거기에 연관된 두드러지는 인물들만 다루었다'고 겸손하게 말하고 있지만 사실은 그 이상의 범주와 영역에서 구체적인 역사적 사실들에 대해 섬세하게 다루고 있다. 특히 '불교가 성장하고 중국인들에게 받아들여지는 단계들'과 '가장 대중화되었을 때 이 종교가 담당했던 역할을 설명'하고 있다. 하여 '쇠락하기 전의 중요한 공헌'과 '쇠락한 뒤의 여러 분야에 걸친 지속적 영향'에 대해서도 깊이 있게 기술하고 있다. 그중에서도 '신유학', '도교', '문학', '언어', '음성학', '선종과 산수화', '천문학과 역법', '의학', '종교생활' 등에 대한 영향에 대해 치밀하게 언급하고 있다.

불교가 중국인들의 삶에 이렇듯 많은 분야에서 이처럼 많은 공헌을 할 수 있었던 근본적인 이유 가운데 하나는 불교가 중국에 들어와 전파된 이후 점점 더 중국화 되었다는 사실이다. 말하자면 불교는 중국적 환경에 적응함으로써 더 이상 인도적인 것으로 남아있지 않았다. 그렇기 때문에 지금까지의 논의 가운데 중국불교라는 용어를 자주 사용하였다. 이런 변화와 적응의 두드러진 예를 천태종, 선종, 정토종 같은 종파의 성립에서 찾아볼 수 있다. 천태종은 연대적인 분류 및 삼제론에 의해 인도의 형이상학과 중국의 현세적 사고를 타협시키는데서 보이는 중국인들의 분류와 타협 기술에서 나왔으며, 신앙을 강조하는 정토종이나 돈오론을 견지한 선종은 중국인들의 단순하고 직접적이고 실용적인 경향에서 나왔다. 이들은 분명히 중국불교의 종파들이지 인도불교의 종파가 중국에 옮겨진 것이 아니었다.

중국불교가 중국화될 수 있었던 가장 결정적 계기는 중국적 환경에 적응함으로써 더 이상 인도적인 적으로 남아있지 않았기 때문이라고 할 수 있다. 중국이란 공간 속에서 불교는 격의화 되었고 중국화 되면서 인도불교는 이제 인도적 요소를 벗겨내고 중국불교가 되었다. 때문에 인도에서 경험해 보지 못한 여러 요소들이 중국불교에서 탄생하였고 그 속에는 중국에서만 존재할 수 있는 고유한 모습들이 깊이 스며들었다. 그야말로 인도불교와 변별되는 중국불교가 새롭게 탄생되었던 것이다.

인도불교의 이러한 중국적 변용은 불교의 재탄생을 의미하였고, 나아가 동아시아 한자문화권에서 새롭게 태어난 중국불교를 '불교의 새로운 본령'(?)으로 평가하기에 이르렀다. 다시 말해서 이것은 인도불교만을 원류로서 강조하는 시대에서 벗어나기 시작했음을 의미하는 '사건'이라 할 수 있다. 더욱이 불교의 원류를 형성했던 인도 전역이 힌두화 내지 이슬람화되어 불교의 위상이 현격히 감소됨으로써 이러한 분위기는 자연스러운 것이 되었다. 따라서 중국불교는 이후 동아시아 불교의 새로운 원형 혹은 범형으로서 자리잡기 시작했던 것이다. 그리고 이후 한국과 일본 및 베트남 불교는 바로 이러한 중국불교의 연장 속에서 새롭게 변용될 수 있었던 것이다.

4. '격의화 된' 혹은 '중국화 된' 대승불교 역사 기술

중국불교의 3대 특징이라 할 1) 경전한역(經典漢譯)과 격의불교(格義佛敎), 2) 교상판석(敎相判釋)과 종파형성(宗派形成), 3) 선법(禪法)의 완성이 이루어지면서 인도적 요소는 점차 탈색되었다. 이제 불교는 중국에서 '격의화' 되고 '중국화' 된 대승불교로서 새롭게 탄생되었다. 그 결과 중국불교는 불교의 원류 혹은 종주국으로서의 면모까지 확보하기 시작했다. 불교의 모든 범형이 중국에서 확보된 열반－삼론－구사－성실－섭론－지론－자은(법상)－밀종－(남산)율종－천태－화엄－정토－선법의 13종파의 기호로 일반화되기 시작했다. 이후 동아시아 삼국은 이들 기호를 통해 불교를 인식하고 연구하는 단계로 진입했던 것이다.

전래 초기부터 불교를 무부(無父)의 불효(不孝)와 무군(無君)의 불충(不忠)의 종교로 몰아간 유자들에 대항하여 불자들은 불교가 대효(大孝)와 만효(萬孝) 혹은 대충(大忠)과 만충(萬忠)의 종교임을 증명하였다. 현세 일세와 천지 중심의 지구 모델을 중심으로 하는 유교와 과현미 삼세와 지구－태양계－은하계－우주 모델을 중심으로 지옥－아귀－축생－수라－인간－천상－성문－연각－보살－부처의 십계를 구도로 충과 효를 바라보는 불교의 구도는 애초부터 충돌할 수밖에 없었다. 결국 불교 내의 적극적인 방어책에 의해 『노자화호경』과 『모자이혹론』을 비롯하여 『부모은중경』, 『목련경』, 『우란분경』 등이 탄생하면서 중국불교는 새로운 이념적 기반을 마련할 수 있었다.

신멸신불멸론(神滅神不滅論)에서 비롯된 형신이원론(形神二元論)과 형신일원론(形神一元論)은 중국 불교와 유교의 논리를 더욱더 공고히 해 주었다. 뿐만 아니라 유교 이외에 또 하나의 저변을 이루고 있었던 도교는 불교의 토착화에 결정적인 기제가 되었다. 이른바 '도불교섭사'(道佛交涉史)로 표현되는 불교와 도교의 교섭의 역사는 중국불교의 동화과정을 잘 보여주고 있다. '공'(空)을 '무'(無)로, '열반'(涅槃)을 '무위'(無爲)로, '진여'(眞如)를 '본무'(本無)로 옮겼던 과도기의 불교 이해였던 격의(格義)불교시대를 거쳐 '공'을 '공'으로, '열반'을 '열반'으로, '진여'를 '진여'로 이해하는 본의(本義)불교시대로 나아갔던 것이다. 그 이후 중국불교는 '본의'를 지닌 채 중국인들의 삶 속으로 깊이 파고 들어갔다.

시간이 지남에 따라 여러 보살들이 중국인들의 외양을 닮아갔다. 미래불인 '미륵'은 사원의 방문객들에게 인사하는 친근한 '포대화상'으로 바뀌었다. 관세음보살은 절강에서 멀리 떨어진 보타(普陀) 섬에 살고 있는 '여성신격'으로 바뀌었으며, '문수보살'은 '산서의 오대산과 결합'되었다. 중국에서 스투파는 탑으로 변하였는데, 이것은 이제 불타의 유골을 저장하는 묘지가 아니라, 가족과 사회의 정신적 안녕을 확고히 하기 위해 중요한 지역에 건립하는 다층 건축물의 모습을 띠었다. 마지막으로 인도불교의 탈가정적, 탈사회적 관념들이 중국불교도들에 의해 변형되었다. 그래서 효는 여전히 지켜야 할 덕목으로 남아 있었으며, 특히 죽은 조상을 기리기 위해 건립되고 헌납된 사원과 탑의 형태로 나타났다. 인도적 성격의 일부를 버리고 중국인들의 기질과 환경에 더 잘 들어맞는 모습을 띰으로써 불교는 중국문화에 대하여 다른 어떤 외래종교도 필적할 수 없도록 공헌할 수 있었다. 그러므로 중국에 도입되었던 모든 종교들 가운데 불교가 근대 이전의 중국에서 가장 강력한 종교적 힘이 된 것은 결코 우연이 아니다.

모든 종교는 해당 지역의 토양과 기후 및 기질과 언어 등과 함께 변용되어 왔다. 하지만 인도에서 탄생했던 불교가 이렇게 급격히 변용되면서 인도적인 성격을 버리고 중국적인 성격으로 변모해 갔던 것은 놀라운 일이다. 그것은 아마도 불교가 지니고 있는 보편적인 원리에 기인하는 것이기도 하겠지만, 중국인들의 기질과 환경이 그렇게 변모시켜간 것이라 하지 않을 수 없다. 중국인들은 외래의 불교를 온전히 자기 사상과 문화로 만들었다. 그리하여 인도에서는 찾아볼 수 없는 중국의 것으로 중국불교로 새롭게 태어나게 했다.

케네스 첸은 바로 이러한 중국불교의 주요한 특징을 타자가 아닌 자내의 시각으로 명료하게 적출하여 정리해 내고 있다. 바로 이 점이 이 책이 지닌 특장이자 이 저자의 빛나는 업적이라 할 수 있다. 이 저작은 한국불교통사 기술 역시 어떠한 시각과 관점 위에서 기술되어야 하는지를 시사해 주고 있다. 즉 저자가 대등한 인중(印中)불교사의 관점에서 기술한 중국불교사처럼 왜 대등한 한중불교사의 관점에서 한국불교통사가 기술되어야 하는지를 일깨워 주고 있다.

이러한 태도는 한중불교사를 바라보는 시각뿐만 아니라 '한일(韓日)불교사'나 '한인(韓印)불교사'를 바라보는 관점에서도 동일한 자세를 유지해야 함을 암시해 주고 있다. 전문성과 대중성을 고루 머금고 있는 이 책은 나에게 한국불교통사 기술의 자극과 촉매로 가까이 다가오고 있다.

한국불학사에서 신라불학사 기술의 기념비적 작품

조명기의 『신라불교의 이념과 역사』
(경서원, 1962; 1982)

기원전 6세기 어느 해 납월 팔일, 고따마 붇다가 보리수 아래서 연기를 발견한 것으로부터 불교는 비롯되었다. '연기를 보는 자는 법(진리)을 본다'고 역설했던 붇다에 의해 인류는 새로운 사유를 경험한다. 즉 유전연기(고통의 유전)와 환멸연기(고통의 소멸)로부터의 해탈을 통해 인간의식에 새로운 지평을 연 그 순간 인류의 지혜는 새로운 걸음을 걷기 시작했던 것이다.

그의 가르침은 제자들에 의해 결집되고 아울러 신앙의 공간이 만들어졌다. 다수의 불제자들은 붇다의 가르침을 쉽고 명료하게 풀이하고자 무수한 저술작업을 감행했다. 많은 논서와 장소류(경론에 대한 주석서 및 창작물)가 탄생되었다. 그리고 그것에 대한 이해의 구조, 즉 해석의 지평이 만들어졌다. 불(교)학은 거기에서 출발한다.

불교학이 부처의 가르침을 과학적으로 연구하는 학문이라면, 불학(經學+修行)은 유학 · 도학(노장학)과 더불어 한자문화권을 중심으로 한 나라에서 불교 자내의 다양한 방법론을 동원하여 전개한 불교 인식체계를 일컫는다. 이를테면 한국 · 중국 · 일본(琉球 포함) · 베트남 등 한자를 전용한 나라들에서 '격의', '육가', '교판' 등의 방법론을 통한 불교 이해 방식을 말한다.

나는 요즈음 우리 불학 연구의 제1세대로서 한국불학사 기술의 전범을 세운 효성 조명기(1905~1988) 선생의 『신라불교의 이념과 역사』를 읽고 있다. 1962년에 나온 저본을 경서원(출판사)에서 1982년에 다시 복각한 판이다. 장정은 보잘 것 없지만 그 내용은 가히 한국사상사 내지는 한국불학사에서 신라불학사 기술의 기념비적 작품이라 할 만하다.

하나의 저술을 하기 전에 반드시 전제가 되어야 할 점은 저자의 학문사관이다. 그가 어떠한 전공의 사람이며 또 어떠한 사관을 가지고 있는가를 통해 그 저술에 투영되어 있는 저자의 사관(역사해석)을 엿볼 수 있기 때문이다. 특히 문사철 관계의 저술에는 저자의 사관이 그 책의 생명을 좌우한다. 이 책에 나타난 저자의 언어나 문장은 저자 세대만이 가질 수 있는 특징을 머금고 있다. 마지막 한문세대로서 보여주는 유장한 문체와 대비의 문장구조, 명확한 언어사용과 종합적 사유방식이 눈부시다.

저자는 이 책을 통해 한국불학사 기술의 모범을 세웠다. 이 책에 나타난 저자의 불교사관은 지극히 종합적이요 직관적이다. 그는 인도불교가 석존 기념적이라면, 중국불교는 교리 연구적이며, 일본불교가 보급 실천적이라면, 한국불교는 석존 구원의 이상불교라고 명쾌하게 정리하고 있다. 다시 말하면 저자는 소승으로부터 대승에 발전한 것이 인도불교의 특색이라면, 대승으로부터 일승에 진전된 것이 중국불교의 특질이라 할 수 있으며, 한국불교는 최초부터 일승불교로서 출발하여 혹은 일대승에의 이론까지 전개하여 대소승을 초월한 통불교를 건립하였다고 분석하고 있다.

이것은 저자의 불교사관이며 한국불학사 기술시에 전제되는 사관이다. 한국불교는 처음부터 대승으로부터 출발하여 일대승(초대승)의 이론까지 전개하여 대소승을 초월한 통불교라는 것이다. 일찍이 육당 최남선 선생은 '인도불교는 서론적 불교요, 중국불교는 각론적 불교며, 한국불교는 총론적 불교'라고 갈파했듯이, 이 책의 저자는 한국불교의 성격을 통불교라고 정리하고 있다.

그러면 통불교란 무엇인가? 독자인 나는 한국불교의 성격을 '종합성과 독창성' 또는 '일승과 일미'라는 코드로 규정한다. 종합성이란 무엇인가? 즉 다양한 개물들을 어떠한 키워드를 중심으로 '곰탕'처럼 뒤섞어 끓이는 것이다. 한국불교사상가들은 일종 일파에 매이지 않았다. 유식가라고 해도 개종을 하지 않고 화엄을 했으며, 화엄가라고 해도 개종 없이 천태가 내지는 선가를 겸업했다. 그것을 이상하게 여기지 않았다. 다양한 개물들을 곰탕그릇에 넣고 화학적으로 끓이는 것, 이것이 바로 종합성이다. 한국사상의 그 독창성은 반드시 종합성 위에서 피어나는 것이 특징이다.

그러면 독창성이란 무엇인가? 다른 것과 구분되는 그만이 지닌 성격이다. 다양한 개물들이 만나서 치열한 화학적 결합의 고투를 거치고 나면 이미 그 개별성은 없어지고 새로운 형태로 드러나는 독특한 모습이다. 즉 단순한 결합을 통한 물리적 종합이 아니라 철저한 화학적 길항을 거쳐 태어난 새로운 물성이 독창성이다. 마치 모든 지류들이 온갖 지난한 여정을 통해 바다로 가서 한 맛(一味)이 되듯이 그것은 일미로 표현되고 일승으로 드러난다. 여기서 일승은 삼승을 넘어선 일승이며 소승과 대승의 대립을 넘어선 일승이다. 일미는 본디부터 갖추고 있는 존재의 참모습이다. 따라서 일승으로 종합(綜合)하고 일미로 독창(獨創)을 내는 것이 바로 한국불교요 통불교의 성격인 것이다.

이 책은 총 4장으로 구성되어 있다. 제1장에는 통설이, 제2장에는 창시기의 활동이, 제3장에는 발전기의 학구가, 제4장에는 신라불교 지향의 일반이 실려있다. 이 중에서 제3장인 발전기의 논구에 원효－의상－문아(원측)－태현－경흥의 장이 있다. 이중에서도 저자는 원효의 장에 가장 많은 비중과 관심을 두고 있다.

그것은 "순수한 한국불교는 원효대사로부터 출발하였고 그 시대에 창작되었다"고 보는 저자의 관점 때문이다. 그러면서 저자는 "문아(원측), 의상, 의적, 경흥, 승장, 태현, 견등, 명효, 둔륜, 표원 등 제사의 계승발육으로서 기초를 확립하고 고려의 의천 등이 추력(推力)을 가하고 이조에 이르러 제가(諸家)의 실천을 시(試)하였다"고 파악한다.

저자는 이 책에서 통불교의 사상가로서 문아(원측)－원효－의상－경흥－태현의 5명을 예로 들고 있다. 각 장의 절마다 이들의 전기, 현존 저술서, 사상을 개관하고 있다. 그 중에서도 원효에 대해서는 상당한 양을 배정하여 근본사상과 각 저서에 나타난 공통사상, 교판론, 종지, 한국불교의 준거, 행적(行的) 실천에 이르기까지 자세히 다루고 있다.

이 책에 실린 5명의 사상가들은 모두 자신의 사상적 코드를 만든 사람들이다. 이를테면 문아는 유식, 원효는 화쟁, 의상은 화엄, 경흥은 정토, 태현은 법상이라는 코드를 통해 그들의 불학을 논구하고 있다. 원효는 화쟁이라는 방법적 코드를 통해 다른 코드를 감싸 안았으며, 문아, 의상, 경흥, 태현은 전공분야의 코드를 통해 불학을 하였던 것이다. 즉 원효가 총론을 통해 자신의 학문적 화두를 화쟁의 키워드(核語)로 몰아갔다면, 문아, 의상, 태현, 경흥은 자신의 각론 안에다 다른 각론을 담음으로써 그 각론을 넓혀 총론으로 나아가는 것을 학문적 화두로 삼았던 것이다.

다시 말하면 원효는 화(쟁)회(통)의 코드로 다양한 각론들을 빌려 사유의 집을 지어갔다면, 문아는 유식이라는 기호 안에다 반야와 신구 유식의 논의를, 의상은 화엄의 코드에 정토를, 경흥은 정토의 기호에 유식을, 태현은 법상의 코드에 문아학(서명학)과 규기학(자은학), 그리고 계율을 담음으로써 자신의 각론을 총론화해 갔던 것이다.

이처럼 신라사상가들은 일종 일파에 매이지 않았으며 이것을 저자는 신라불교의 '총화성'이라는 말로 표현하고 있다. 저자는 총화성을 한국불교의 '통일성'과 짝짓고자 하며, 총화성은 '동일성과 변화성을 머금고 있는 전체성의 현묘한 신비'라고 규정하고 있다. 즉 총화성은 그 본질을 표현하기 위하여 분절(分節) 및 통결(統結)의 범주를 요하고 분절의 총화성 내용을 표현하기 위하여 완전성의 범주를 요한다고 말한다. 다시 말해서 총화는 분절에서 표현되고 총화는 통결에서 분절을 포괄함에 의하여 그 본질을 유지한다고 정의내리고 있다.

저자는 '총화불교교리'를 대승교학의 출발점으로 보면서 인간은 본불(本佛) 중심의 대법해(大法海) 안에서 자기희생의 보살행을 하지 않으면 아니되며 권위의 사모와 귀일의 갈앙은 총화불교교리의 기초가 되므로 석가에 귀(歸)하는 것이 이 시대의 신대승(新大乘)이 될 것이라고 역설하고 있다.

중국불교 13종 속의 인도 소산인 학파(論을 所依化, 毘曇·成實·三論·地論·攝論·法相)와 중국 소산인 종파(經律을 所依化,

律·涅槃·淨土·禪·天台·華嚴·眞言宗), 일본불교의 13종 56파와는 달리 한국불교는 바로 불교 본연의 정신 위에서 전체성을 전적으로 표현하여 불교총화론으로 전개되었다는 것이다.

이 책에서 보여주는 저자의 역사해석, 즉 불교사관은 바로 이 총화성이다. 신라불교의 이념은 이 총화성이며 그것을 통해 전개된 역사가 바로 한국불학사에서 신라불학사가 차지하는 의의라는 것이다.

신라 불교문명의 르네상스기에 대한 논구

조명기의 『신라불교의 이념과 역사』
(경서원, 1962; 1982)

우리는 살아가면서 무수한 책을 읽는다. 책은 유기체는 아니지만 지니고 있는 공능을 보면 생명이 없는 것이라고만 말할 수는 없다. 살아있는 책은 작가가 불어넣은 생명이 온축되어 건강한 정신을 쏟아낸다. 때문에 책은 종이 몇 장을 묶은 것이 아니다. 좋은 책이란 우리들의 의식 속에 늘 아로새겨져 있다. 독자의 의식의 기억창고에 갈무리될 때 책은 생명을 지니게 된다.

새로운 세기의 출발점을 저만치 지난 지금은 정보산업화시대이다. 금세기 막바지에 개발된 컴퓨터가 널리 보급되어 책을 내기가 쉬워졌다. 그래서 너도 나도 책을 낸다. 자신의 생각을 표현하는 것은 자유이다. 허나 책이 책의 '격'을 지니지 못할 때는 쓰레기에 지나지 않는다. 쓰레기 책들이 얼마나 많은가? 우리가 지고의 보배로 여기고 있는 대장경도 나의 삶에 아무런 변화를 내오지 못한다면 한낱 고름 닦는 휴지요 밑닦개일 뿐이라고 어느 선사는 갈파하지 않았던가? 이 말을 한 선사의 과격한 언사라고만 치부할 수는 없다. 지금 우리 사회에는 하루에도 수 만권의 책이 쏟아져 나온다. 그 중에서 사람들의 기억창고에 저장될만한 가치가 있는 책들은 얼마나 될까?

어떠한 책이든 간에 독자 내면의 스크린에 그 책에 대해 한 점 기억세포를 남긴다는 것은 쉬운 일이 아니다. 오직 저자에게서 우러나온 문장력과 통찰력의 조화 여부의 문제일 것이다. 내 손과 눈을 거쳐 간 수많은 책들, 그리고 활자들. 그들 가운데서 오랜 기간이 지난 뒤에도 다시 독자의 손길이 다가간다는 것은 분명 그 분야의 고전일 게다.

고전이란 시간과 공간의 무게를 견디고 살아남은 서물(書物)이다. 시간과 공간을 견딘다는 것은 당대의 가없는 사람들의 손길과 눈길을 거치고도 다시 미지의 독자들과의 만남을 기약할 수 있는 가능성을 언제나 지니고 있다는 뜻이다. 우리 시대의 고전은 어디에 있는가? 이 시대에 고전은 만들어질 수 있는가? 그것이 문제로다!

책에도 눈이 있다. 눈은 그 책이 말하고자 하는 메시지일 것이다. 메시지가 쉽고 명료하면 할수록 그 책은 읽히게 될 것이다. 읽히는 책이라 해서 반드시 좋은 책은 아니다. 좋은 책이란 지속적으로 읽혀야 되며, 오래도록 읽힐 가능성을 머금고 있는 책이다. 그 속에는 인간과 세계에 대한 이해(통찰)의 공간이 넓으면 넓을수록 독자를 만날 가능성은 높아진다. 또 그 책의 메시지가 머금고 있는 의미의 공간이 시간과 공간을 넘어서야만 가능하다. 앞 세대에서 읽혔던 책이 다음 세대에게도 읽히기 위해서는 시대에 걸맞는 문체와 표기법이 요구되겠지만, 좋은 책의 기준은 문체와 표기법의 새로운 시도만이 아니라 작가의 메시지(눈)의 명료함이 가장 우선이 된다. 그 메시지는 통찰력과 문장력의 화회(和會)에서 아우러진다.

나는 요즈음 조명기 선생의 대표작인 『신라불교의 이념과 역사』라는 책을 다시 읽고 있다. 이 책은 표지나 장정은 보잘 것 없지만 그 내용만큼은 신라불교문명의 르네상스기의 대표적 사상가들의 삶과 생각을 깊이 있게 논구하고 있다.

저자는 이 책 속에서 문화와 종교에 대해 깊은 사색을 하고 있다. 저자는 머리말(序言)에서 '진실한 문화는 종교적이며 진실한 종교는 또 문화적이지 않으면 안 되는 것이다'고 하면서 '이 종교적 요구는 인간의 생명의 요구이다'라고 일갈하고 있다. 그러면서 저자는 '생명이란 몸과 마음이 한결같은 것(身心一如的)으로 끊이지 않는 활동 중 깊이 새겨져(刻刻) 새로운 것을 산출하는 주체'라고 정의하고 있다. '생명의 심오한 곳으로부터 종교가 발생하고 문화가 창달되는 것'이므로 우리 '신라불교인의 생명이 우리의 실상이고 연기이며 얼'이라고 주장하고 있다.

저자는 한국불교에 대해 무한한 자긍심을 지니고 있다. 소승으로부터 대승으로 발전한 것이 인도불교의 특색이라면, 대승으로부터 일승으로 진전된 것이 중국불교의 특질이라고 하면서 천태와 화엄의 이론과 선과 정토의 실천이 완전히 구비된 것이 그 예라고 힘주어 말한다. 한국불교는 일승(一乘)불교로서 출발하여 혹은 일대승(一大乘)에의 이론까지 전개하여 대소승을 초월한 통불교를 건립하였다고 말한다. 이것을 중국불교의 전부와 아울러 일본에 보내니 일본에서는 현상 그대로 보존하고 실천을 철저히 하고 있는 것이 일본불교의 특색이라는 것이다.

불교는 적응의 종교이며 조화의 종교이다. 동시에 화회의 종교이며 원융의 종교이다. 언제 어느 곳에 전래되더라도 기존의 문화와 충돌하지 않는다. 기존의 문화를 존중하고 그 안에서 자신의 터전을 뿌리내린다. 때문에 각국에 전래된 불교 역시 그 나라의 문화와 민족성을 가미하면서도 그 나름의 특수성을 머금고 있다. 이러한 문화적 · 민족적 특수성을 저자는 이렇게 정리한다. 인도불교를 '석존 기념적'이라 하면, 중국불교는 '교리 연구적'이라 하고, 일본불교는 '보급 실천적'이라 하면, 한국불교는 '석존 구원(久遠)의 이상불교라고 할 수 있다'고 말한다.

일찍이 육당 최남선 선생은 인도불교는 서론적 불교요, 중국불교는 각론적 불교며, 한국불교는 총론적 불교라고 말한 적이 있지만, 해당 나라들의 불교적 특색을 이처럼 명쾌하게 뽑아내는 안목이 놀랍다.

이 책에는 신라불교문명의 르네상스를 일으켰던 원효－의상－원측－태현－경흥에 대해 집중적으로 조명하고 있다. 원효의 화쟁, 의상의 화엄, 원측의 유식, 태현의 법상, 경흥의 저서 등에 대해 장과 절을 달리해 가면서 논구하고 있다. 이는 저자가 한국불교, 특히 신라불교를 석존 구원의 이상불교며 일대승의 이론까지 전개하여 대소승을 초월한 통불교라고 주창한 그 배경의 근거 제시이기도 하다.

모든 사상가들은 자신의 사상을 드러내는 '코드'를 만들기 마련이다. 그 코드는 다른 사람들과는 변별되는 그만의 '기호'일 때 의미를 갖는다. 그 핵심용어를 표출해 낼 논리적 근거가 얼마만큼 보편성을 얻느냐에 따라 사상가가 될 수도 있고 연구자가 될 수도 있다. 이 책에 나오는 다섯 명의 사상가들은 모두 그러한 '코드'를 가지고 있다. 그 코드는 그의 전공분야이기도 하지만 다른 누구보다도 뛰어난 전문가여야만 가능하다.

원효의 '화쟁'이 그의 사상의 방법적 코드라면, 의상의 '화엄', 원측의 '유식', 태현의 '법상', 경흥의 '저술'은 전공분야의 코드 내지는 특징일 뿐이다. 원효가 화쟁이라는 기호를 통해 사상적 논법의 지평을 열었다면, 의상, 원측, 태현, 경흥은 전공의 전문성으로 생각의 지평을 열었던 것이다. 즉 원효가 총론을 통해 자신의 학문적 화두를 화쟁으로 자리매김했다면, 의상, 원측, 태현, 경흥은 각론을 통해 자신의 학문적 지평을 열고 그 각론에다 다른 각론을 담으려고 했던 것이다. 다시 말해서 원효가 무수한 각론들을 화쟁이라는 기호를 통해 감싸 안았다면, 의상은 화엄 안에다 정토를 담았고, 원측은 유식 안에다 신구 유식의 논의를 담았으며, 태현은 법상 안에다 원측－도증 이래의 서명유식학파의 논의를 담았으며, 경흥은 정토 안에다 유식과 계율의 논의를 감싸 안았다고 할 수 있다.

이들 다섯 명의 사상가들은 모두 자신의 개성과 적성에 따라 전공을 택해 전문가로서 성공하였고, 그러한 전문성이 신라불교의 르네상스를 일구어내었던 것이다. 한 시대의 문예부흥을 꿈꾸기 위해서는 어느 한 사상가의 힘만으로는 아니된다. 원효는 한 사람이 아니다. 앞 시대와 당대의 무수한 가능성과 현재성을 아울렀기 때문에 원효가 나온 것이다. 이를테면 원광－안함－자장－혜숙－혜공－대안－의상의 문제의식을 자신의 문제의식으로 흡수하여 자신의 언어와 문장으로 육화시켜냈던 것이다.

저자가 네 살이 많았던 문아 원측(613~696)보다도 원효(617~686)에 대해서 많은 지면을 할애하여 그의 전기와 저자개관, 현존서, 근본사상을 중심으로 논구해 간 것은 신라불교의 에너지가 '신라'라는 땅을 통해서였기 때문이기도 하겠지만, 대륙에서 활동했던 원측보다 원효가 먼저 출가했을 뿐만 아니라 자신의 사상을 정리한 성과물들을 삼십대 초반의 젊은 시절에 쏟아냈기 때문이라 나는 생각한다. 이 책에서 저자는 원효의 저술을 98종으로 확정지으면서도 역주를 통해 보완하여 그의 저술을 100여종 240여권으로 정리하고 있다.

이 책은 신라불교문명의 르네상스기를 치열하게 살았던 대표적 사상가들의 삶과 생각을 명쾌하게 조명해낸 역저이다. 이 『신라불교의 이념과 역사』는 원효에 대해서 누구보다도 앞서 연구를 해온 저자의 불교관이 잘 나타난 대표적 저술이다. 좋은 책은 어디에 있더라도 읽히기 마련이다. 정보인터넷의 혼돈 속에서 독자를 만나는 길이 비록 험난하더라도 눈 밝은 독자를 만나는 즐거움은 책(저자)에게도 있을 것이다.

우리 선종사의 뿌리를 찾는 대장정

민영규의 『사천강단』
(민족사, 1997)

여름방학이 끝나갈 무렵, 나는 덜컥 맹장수술을 받아야만 했다. 집근처 김영재내과의 '맹장' 진단을 받고 나는 큰 병원으로 갔다. 쌍문동 한일병원. 기본 검사를 마치고 입원(532호)한 뒤 밤 10시가 넘어서 수술을 했다. 그 덕분(?)에 나는 지금 여기에서 참으로 오랜만(?)에 수고(手稿)로 독서일기를 쓰고 있다. 이미 컴퓨터 문화가 장안을 석권한 이래, 나 역시 수고보다는 컴퓨터 식자에 익숙해져 버렸다. 수고가 오히려 어색할 정도인 이 아이러니? 나는 문명인(?)이 되어 버렸다. 자연인이길 고집하지만 어쩔 수 없는 문명의 병을 감내하기 어려워졌다.

이 병원 침대에 앉아 나는 서여(西餘) 민영규 선생의 『사천강단』

(우반, 민족사)을 읽고 있다. 서여 선생은 당신의 아호답게 서쪽에 대한 여운이 간절히 남아있는 듯, 사천의 선종사 강단을 복원하고 있다. 왜 사천인가? 『송고백칙』을 지은 설두 중현(980-1052)과 『벽암록』을 지은 원오 극근(1063-1135)은 모두 중원의 사천사람들이었다. 그들은 말끝마다 "화살은 하마 신라 땅을 지나쳤다"[箭過新羅]라고 했다. 그들은 왜 화살이 신라땅으로 떠나는 것을 두려워했을까?

저자는 저 중원의 사천땅을 탐사하면서 우리 선종사의 뿌리를 찾는 대장정을 시도하고 있다. 한국 선종사는 일반적으로 신라말 고려초에 형성된 구산선문을 통해 전개된다. 가지산문의 개산조인 도의국사 등 일곱 산문이 마조의 법맥을 이은 서당지장의 법맥을 이어 내려오고 있음을 우리는 기록으로 볼 수 있다. 그런데 '상권선생'(上卷先生)으로 널리 알려진 중국의 호석(胡適, 適을 '석'으로 읽어야 함)선생은 「발배휴적고규봉정혜선사전법비」와 그 「후기」, 두 편의 미완성 원고를 유고로 남겨 한국선종사의 뿌리에 얽힌 수수께끼를 풀어놓고 있다.

그에 따르면, 마조 도일은 원래 신라 출신 정중 무상의 직제자였으나 언젠가부터는 그 사실을 감추고 갑자기 등장한 남악회양에 맥을 대어 육조혜능의 적손으로 둔갑되었다는 것이다.

그것은 정중사 무상화상의 4세 법손이었던 규봉 종밀이 자신의 스승인 마조 도일이 무상화상의 직제자였음을 밝히고 있음에서 잘 드러나는 사실이다. 그런데 문제는 하택신회의 정체를 파악하는 일이다. 호석선생이 돈황문서에서 발견한 『신회어록』의 「보리달마남종정시비론」에는 동토초조인 달마가 그 종지를 다음 세대로 이어갈 제자 한 사람을 선정하여 밀실로 불러들이고 가사 한 벌을 그 증표로 전수했다는 것이다. 그 가사는 달마 → 혜가 → 승찬 → 도신 → 홍인 → 혜능의 6대를 이어 내려왔으며 지금 혜능선사가 거주하던 소주에 엄연히 보관되어 있다는 것이었다.

하지만 놀라지 않을 수 없는 것은 혜능의 입적년(713)에서 716년 사이에 지어졌을 『능가사자기』(玄賾 · 淨覺 공저)에는 가사 전법에 관한 이야기는 기미조차 보이지 않는다는 것이다. 여기에는 혜능 자신도 모르는 어떠한 드라마가 개입되었을 것이다. 그것은 아마도 혜능이 입적한 뒤 한창 지나서 그 추종자들인 누군가에 의해서 혜능을 동산법문 홍인의 진정한 계승자, 즉 육조로 추대하기 위해 꾸며낸 하나의 가공적 신화였을 것이다. 그렇다면 그 장본인은 누구였던가? 바로 호석 선생이 30년 전에 그를 처음 소개할 때 "참으로 엄청난[了不起的] 일위(一位)의 인물이었던 그는 남종의 급선봉이었고, 북종의 파괴자였었고, 새로운 선학(禪學)의 설립자였으며, 『법보단경』의 제작자였고 … "라고 했다가, 다시 30년 뒤에는 "중국불교사상 가장 성공적인 혁명가였고, 인도 전래의 선을 훼멸시킨 분이었으며, 중국적인 선을 새로 창건한 분이었으며, 가사 전법이라는 거짓 역사를 꾸며낸 분이었으며, 서천 28조라는 거짓계보를 최초로 조작한 분이었으며, 『육조법보단경』을 역시 처음으로 조작한 분이었을뿐더러, 이렇게 조작된 역사를 무기삼아 혁명을 성취시킨 위대한 성공자가 곧 우리의 신회인 것입니다"라고 수정한 남양(南陽)화상 하택 신회(荷澤 神會 : 670－762)였다.

그리고 서천 28조에 대해서는 800년대를 지나 비로소 정착된 것임을 부연설명하고 있다. 서천에 관한 최초의 발단은 활태의 대운사에서 신회의 「남종정시비론」에 나오는 서천8조설이다. 석가모니에서 가섭－보리달마에 이르는 천년을 8조가 대물림해왔다면 너무 적었다고 생각했었는지 23조, 24조 ……, 심지어는 유관(惟寬)의 51조설까지 분분한 설이 나돌다가 최종적으로 정착한 것이 28조라는 것이다. 그것은 서기 800년대를 지나서 말이다.

그런데 이러한 28조설에는 또 『조당집』, 『경덕전등록』, 『전법정종기』로 내려오는 25조 바사사다, 27조 반야다라 계보와 25조 사나바사, 27조 승가나차로 이어지는 두 계보가 있다는 것이다. 전자는 위서로 평가된 『보림전』에서 비롯된 것이고, 후자는 돈황본 『법보단경』 즉 신회로부터 비롯된 것이며, 규봉도 이 계보를 따르고 있다.

저자의 『사천강단』에는 「사천강단」, 「사천강단습유」 1, 2강과 그외 선종사 관련 저술 및 고려시대 불교전적에 관련된 글이 실려 있다. 이 책에는 저자의 관심이 잘 나타나 있다. 양명학을 상승한 강화학의 계승자로 잘 알려진 저자는 선종사와 불교일반사를 오랫동안 연구해온 분이다. 저자는 80노구에도 불구하고 촉도지난(蜀道之難)을 감내하면서 역사의 베일 속에 가려진 사천의 강단을 복원시켜 우리 선종사의 시원(始源)을 자리매김 시키고 있다.

일찍이 일연의 『중편조동오위』를 일본에서 발견해내었고, 「신라불교장소불분권」을 통해 불교서지학의 불모지를 개척해 내었다. 일연의 남해분사도감을 추적하여 고려재조대장경의 판각과정과 그 주변에 얽혀있는 여러 가지 사실을 밝혀내었다.

특히 일연과 진존숙과의 관계라거나 의상과 선묘설화와의 관계 등을 밝혀 우리 불교사의 외연을 넓혀주었고, 감칠맛나는 문체와 어법은 일가를 이루었다. 저자는 많은 저술을 남기지는 않았지만, 도서관법을 국회에 통과시켰고, 많은 후학을 길러내었다. 『삼국유사』의 저자 일연의 문장을 고래로 우리나라에 '관절(冠絶)한 일품(逸品)'의 하나로서 평소 칭송해왔던 저자 일연의 문체를 흠모해온 중후한 에세이와도 흡사한 저자의 글은 단편적이지만 일관성이 있고 역사적 접근이지만 문학적 향취가 나고 있다. 『예루살렘성을 찾아서』를 통해 서구라파 문명의 시원을 더듬어 보는가하면, 『사천강단』을 통해 동아시아 정신사의 뿌리를 탐색하였다. 끊어질 듯 이어지는 한국 양명학의 계보를 추적하여 몸소 강화학을 대물림하였다.

『사천강단』은 저 중원의 지방도성인 사천성의 강단만을 말한는 것이 아니라 동아시아 정신사의 물줄기가 거기서부터 일궤(一潰)를 이루었으며, 그 결과 그 하구는 천리를 상거하여 우리나라에 까지 미쳤던 것임을 밝히고 있다.

따라서 우리 선종사의 시원을 나말여초의 선전래로 잡을 것이 아니라 그보다 더 거슬러 올라가 신라 성덕왕(702－737)의 셋째 아들인 정중 무상으로부터 비롯되고 있음을 알 수 있다는 것이다. 그로부터 이어지는 정중 신회→익주 남인→수주 도원→규봉 종밀의 흐름이나 마조 도일→서당 지장→도의/무염/범일 등 신라 7조→행적(현휘)으로 이어지는 우리 선종사의 흐름이 정중 무상으로부터 비롯되고 있음을 확인시켜주는 증좌이다.

호석선생이 밝혀놓은 유고를 계승하여 우리 선종사를 속속들이 밝혀놓고 있다는 점에서 『사천강단』은 왜 사천사람들이 "신라 땅을 향하는 화살"을 두려워했던가를 알 수 있게 한다. 우리의 불교 선종사는 정중 무상이 살았던 700년대로 거슬러 올라간다! 우리 선종사의 초조는 정중 무상인 것이다. 우리 역사를 한반도로만 국한시키지 말자! 우리의 역사는 중국에도 있고 일본에도 있다. 오늘의 '국가' 개념으로 어제의 우리 역사를 죽이지는 말 일이다. 우리를 넓히는 것이 세계화이다.

정치 주도세력을 역사의 주체로 본 한국사의 새집

이기백의 『한국사신론』
(일조각, 1994)

이기백의 『한국사신론』(1967 초판; 1976 개정판; 1990 신수판)을 읽었다. 이 책은 저자가 처녀작인 『국사신론』(태성사, 1961)을 전면 개편하여 간행한 것. 꼭 30년 전이다. 서른 해 동안 약 50만부가 팔렸고 지금도 해마다 1만부씩 나가는 스테디셀러다.

나는 집에 있는 이 책 11판(1972)과 도서관에서 빌린 신수중판(1994)을 비교하면서 읽었다. 11판은 초판 그대로이고 신수중판은 초판(1967)에다 개정판(1976)을 거쳐 새로 수정한 판(1990)을 거듭 찍어낸 것이다. 초판과 신수판을 비교해 보면 수정판에서는 초판의 전체 골격은 그대로 유지하면서도 각 장과 각 절에 많은 수정을 더했다. 이 신수판은 최근 「이기백사학논

집」(11권, 1996)의 전질 속에 양장본(제10권)으로 다시 간행되었다.

이 책은 해방과 한국전쟁을 경험한 뒤 우리의 관점에서 쓴 최초의 역사책이라 할 수 있다. 지금은 일본어 · 중국어 · 영어 · 스페인어 번역본이 나왔을 정도로 세계적인 책이다. 총 609면(부록 및 색인 제외 493면)의 두꺼운 책 속에는 역사학의 고유용어를 현대적 개념으로 풀이한 한글용어가 즐비하다. 이를테면 뗀(打制)석기, 간(磨制)석기, 주먹도끼, 찍개, 찌르개, 긁개, 밀개, 새기개, 민무늬토기, 덧무늬토기, 잔(細)석기, 빗살무늬토기, 칠무늬토기, 반달돌칼, 홈(有溝)돌자귀 등등.

역사란 무엇인가? 역사는 시간이다. 시간은 흐름을 지닌다. 흐름 안에는 다양한 물결이 있다. 그러나 그 물줄기에는 전체를 휘어 감는 한 줄기 물결이 있기 마련이다. 이 물줄기가 바로 역사를 보는 눈, 즉 사관이다. "모든 역사는 현대사적 관점을 지닌다"는 이태리 사학자 베네데토 크로체(1866~1952)의 이 말은 금세기를 사는 우리들의 역사관이 되었다. "모든 역사는 현대사"라는 이 말 한 마디로 크로체는 우리 시대에 가장 유명한 사학자가 되었다.

아무리 화려한 역사를 지녔던 나라일지라도 오늘의 관점에서 그것이 다시 해석되지 못한다면 그 역사는 죽은 역사가 될 것이다. 왜냐하면 역사는 언제나 당대 사람들의 역사일 뿐이기 때문이다.

이 책 저자는 「서」(序)에서 역사적 해석이 "객관적 사실에 입각하고, 합리적인 근거를 가져야만 비로소 학문으로서 제 구실을 할 수가 있는 법"이며, "역사적 진실에 충실하는 것, 그리하여 역사적 진실에 대한 외경심을 일깨워주는 것, 이것이 역사학자로서 민족을 사랑하고 현실을 위하는 최선의 길"이라면서 자신의 신념을 밝혀놓고 있다.

저자는 역사의 주체를 그 시대의 지배(주도)세력으로 보고 그들을 중심으로 시대구분을 하고 있다. 이는 종래의 역사연구방법이었던 왕조사 중심의 시대구분이나 고대·중세·근대로 나누는 삼분법을 부정하고 "사회적 지배세력의 변천과정에 기준을 두고 한국사의 큰 흐름을 파악해 보려"는 저자의 독특한 시도이다. 달리 말하면 그의 시대구분론은 역사란 "역사에 참여하는 인간의 사회적 기반이 변해가는 과정에 따라 기술"해야 한다는 것이다. 그러한 의식 위에서 저자는 "호족의 시대", "무인정권", "신흥사대부의 등장", "양반사회의 성립" 등으로 시대를 구분하고 있다.

이러한 입장에서 그는 근대사학의 전통이었던 민족주의사학·사회경제사학·실증사학의 공과를 점검하고 계승할 것은 계승하고 버릴 것은 버리자는 자세를 취한다. 즉 이들 근대사학은 훌륭한 전통을 지켜왔지만, "민족주의사학은 추상적, 관념적, 국수주의적 경향 때문에 한국사의 실제를 외면했으며, 사회경제사학은 서양사 연구를 통해 얻은 이론을 한국사에 무비판적으로 적용하여 실제와는 다른 틀에 박힌 한국사를 만들었으며, 실증사학은 개별적인 사실의 천착에 골몰하여 한국사의 전체적인 흐름을 체계적으로 인식하는데 소홀함으로써 학문이기보다는 취미로 전락하는 경향을 지녔다"고 비판한다.

저자는 사건과 제도중심의 역사가 아닌 인간중심의 역사, 사회세력으로서의 인간에 대한 재인식을 통해 한국사에 생명력을 불어넣고자 한다. 그는 특히 한국사를 세계사의 보편성 속에서 인식하려는 자세를 취한다. 저자는 근대사학에서 논의되어 오던 한국사의 보편성(공통점)과 특수성(차이점)의 인식에 있어 보편적인 법칙을 다원적인 것으로 파악하여 보편성 속에서 특수성을 찾고자 한다.

그래서 그는 "역사에 작용하는 보편적인 여러 법칙들에 대한 이해가 깊으면 깊을수록 한국사에 대한 이해도 깊어진다"고 말하면서 "한국사와 다른 민족의 역사와를 비교해 보는 방법이 필요하며, 따라서 비교사학의 방법이 널리 적용되기를 바란다"고 말하고 있다.

저자는 이 책 초판에서 서장을 제외하고 모두 18장으로 시대를 구분하였으나 개정판과 신수판에서는 서장과 종장을 제외하고 16장으로 정리하고 있다. 저자는 "각 단계에 있어서의 변화발전을 그 자체 전진적인 자세로 기술하고 있으며, 시종일관 다음 시대와의 연결을 염두에 두고서 쇠퇴 몰락하는 세력보다는 그에 대신하여 새로이 등장 대두하는 세력을 더욱 중시하고 있다"(이기동). 이러한 점은 개별적인 사실을 다루는 부분에서도 나타난다. 저자는 "한국사의 큰 흐름 속에서 개별적인 사실들을 전진적인 것과 후진적인 것으로 가려내려 하였으며, 전진적인 사실들에 적극적인 역사적 의미를 부여하려고 하였다"(이기동).

그런데 이 책에는 몇 가지 수정되어야 할 기술들이 있다. 제4장인 「전제왕권의 성립」 중 제3절인 "전제주의하의 신라문화"(제3절)의 첫 단락인 '불교의 발전'에서 저자는 포광 김영수 선생이 제기했던 "5교 9산설"에 의거하여 "신라에 열반종·계율종·법성종·화엄종·법상종 등 교종의 5교가 성립되게 되었다"(116면)고 기술하고 있다. 지금까지 남아있는 어떠한 자료를 보아도 고려 초기 이전에 우리나라에 종파의 성립은 없었다. 다만 교학계통에서 종파적인 형태를 갖춘 것이 보이고 있지만 "종명"(宗名)을 밝힌 것은 없다. 굳이 종명을 써야 할 경우에는 "업"(業, 전문수업집단)을 사용했다. 이를테면 화엄업, 법상(유가)업, 율업 등과 같이 말이다. 더욱이 신라의 많은 업 가운데에서 다섯 가지가 교종으로 성립되었다는 것은 어디에 근거한 것인지 알 수 없다. 신라에는 오교가 중심이 된 교단이 없었기 때문이다.

저자는 또 이 책의 제5장인 「호족의 시대」 중 제5절인 "호족의 문화"의 두 번째 단락인 '선종의 유행'에서 "9세기 초의 헌덕왕 때에 도의가 가지산파(보림사)를 옮에 미쳐 점차 널리 퍼지기 시작하여, (중략) 도헌의 희양산파(봉암사), 이엄의 수미산파(광조사) 등 소위 선종 9산이 성립되기에 이르렀다"(151면)고 기술하고 있으나, 9산 역시 신라말에 다 완성된 것이 아니라 신라말에 7산문이 성립되고 고려에 들어와서 비로소 나머지 2산문(수미산, 희양산)이 형성되었던 것이다.(물론 저자는 이 단락을 이른바 호족의 시대로부터 비롯된 '고려시대'로 분류해 놓고는 있다.) 어쨌든 포광선생의 "5교 9산설"은 불교학계에서 수정된 지 이미 오래이다. 저자는 아직까지 이 설에 의존한 후학들의 자료를 참고해서 이 책을 기술하고 있다. 이러한 기술들은 고쳐져야 할 것들이다.

이 책이 지닌 장점은 여러 가지가 있겠지만 특히 새로운 연구성과를 보다 많이 반영시키려 노력하였고 아직도 진행중인 논쟁에 대해서조차도 되도록 소개하고자 하는 점이다. 뿐만 아니라 새 학설에 대하여 저자의 의견을 첨부하는가 하면 각 소절마다 참고난을 붙이고 부록에 참고서목을 일일이 명기하고 있는 것은 저자의 성실성과 더불어 한국사연구에 대한 투철한 역사적 신념과 입문자들에 대한 깊은 배려와 애정이 투영되어 있음을 보여주고 있는 점이다.

장점이 있으면 단점도 있는 법. 먼저 저자가 이 책에서 가장 힘주어 전개하고 있는 시대구분의 근거에 관한 문제다. 만일 그 시대의 지배(주도)세력을 중심으로 역사를 기술한다면 피지배계급(민중)들은 역사의 조연이나 들러리에 지나지 않는 것인가? 또 현대사 부분의 비중이 좀 가벼운 것은 아닌가? 저자가 고대사와 중세사 전문가이기 때문인지는 모르겠지만 모든 역사는 현대사라는 크로체의 사관을 빌리지 않더라도 한국사 이해의 현재성 부재는 우리 역사의 당대에 대한 연구와 역사적 평가를 너무 뒤로 미루는 것은 아닌가? 객관적 기술을 위한 시간이 필요하다고는 하더라도 말이다.

이러한 문제점의 지적에 대한 저자의 변론도 있다. 저자는 사회사에 깊은 관심을 가지고 있으면서도 "역사 서술의 핵심적 주제를 제공하는 것은 정치"라는 신념이 확고하다. 때문에 그 시대의 정치주도세력을 중심으로 시대를 구분하는 것은 당연하다는 것이다. 또 "역사연구는 실제적 문제의 해결책을 지시하지는 않는다"는 입장이며, "역사학은 오로지 자신의 독자적인 방법을 통해서 더욱 권위를 가지고 현재에 대하여 강력한 발언권을 행사할 뿐"이라고 강변한다.

아무튼 한 텍스트가 30여년을 통해 벌써 세 번의 개정을 거쳐 간행되고 있다는 것은 놀라운 일이다. 그것도 개정 때마다 그 시기에 제기된 새로운 학설이나 논쟁을 다 읽고 소화·원용하고서 말이다.

종조부 남강 이승훈 선생과 부친 이찬갑 선생의 영향으로 역사학의 길에 들어선 저자는 해방 후 60~70년대까지는 식민지사관의 극복을, 80년대 이후 최근에는 한국사의 대중화 작업에 큰 관심을 보이며 왕성한 저술 작업과 연구 활동을 펼치고 있다.

그가 10여 년 전부터 주도해온 「한국사 시민강좌」는 편집위원 6명이 그때 그 때의 현안을 중심으로 특집을 만들며 고교졸업생 수준에 맞춰 쉽게 써달라고 청탁하는 잡지. 창간호가 2만부이상 팔리는 보기 드문 성공을 거둔 학술지이다. 벌써 20권을 돌파하고 있다.

『한국사신론』을 다 읽고 난 뒤 나는 "학문은 정치 · 경제 등 외부압력으로부터 초연해야 한다"는 저자의 학문관에 머리를 끄덕이게 되었다. 그는 최근 『경향신문』의 인터뷰(97.1.12)에서 "우리 민족과 역사를 버텨온 기둥은 사실과 사실을 꿰뚫는 불변의 법칙인 진리였으며, 오로지 진리만을 위해 정진하라"는 말로 학계의 후배들에게 당부하면서 "술이부작"(述而不作)이라는 자신의 사관을 내보이고 있다.

불도유(佛道儒) 회통에서 우러나오는 회향의 집

김충열의 『중국철학사』 1
(예문서원, 1994)

중천(中天) 김충열의 『중국철학사』1을 읽었다. 나는 저자의 『주역』 강의를 들었지만 그의 저술에서 그의 인간과 세계를 바라보는 시각을 엿볼 수 있었다.

선비는 지조를 먹고 산다. 그는 지조라는 밥을 입에 떠 넣고 고전이라는 찬을 집어 먹는다. 고전학자의 밥상은 이 두 가지의 주식과 부식으로 수놓아진다. 학자에게 있어 학문적 양심이란 이 두 가지의 행복한 만남에서 비롯된다. 그는 고전이란 텍스트를 씹어 간을 맞추며 지조라는 밥알을 씹어 식도로 넘긴다. '지조란 것은 순일한 정신을 지키기 위한 불타는 신념이요, 눈물겨운 정성이며, 냉철한 확집(確執)이요, 고귀한 투쟁이기까지 하다'고 조지훈은 그의 『지조론』에서 말했지만, 학자(선비)에게 지조란 하루 세 끼 밥과 같은 것이다.

한 학자의 생명은 자기 목소리의 유무에 있다고 나는 생각한다. 원로는 나이가 많아서 원로가 아니다. 자기 분야에서 일관된 자기 논리가 있어야 한다. 참다운 학자와 사이비 학자의 변별성은 삶 속에 스며있는 카랑카랑한 기개와 육화된 글의 유무에 있다. 평생동안 자신의 학문적 화두를 부여잡고 거기에서 우러나오는 한 소식이 바로 학자의 생명인 것이다. 그런데 자신의 목소리를 낼려면 무엇보다도 자기가 쓰고 싶은 글을 써야만 가능하다. 다시 말해서 치열한 문제의식 속에서 그 동안 온축해 온 화두를 잘 길들여 내야만 '한 마디'를 토해낼 수 있다.

저자는 '나는 일회적인 사람이어서 내가 쓴 글을 두 번 읽지 않는' 특이한 버릇(?)이 있다고 고백한다. 허나 예외는 있다. 저자는 또 글 쓰는 것에 대해 매우 인색(?)하다. 이는 자신이 불혹(不惑)의 나이에 처음으로 낸 책을 지도교수에게 봉정했다가 "내가 보기에 너는 일찍 죽을 것 같지도 않은데 무엇이 바빠서 저술에 급급해 하는가? 육십 이전에는 책을 쓰지 말아라. 꾸준히 논문은 써 가되, 너의 학설을 결론짓지 마라. 지금 너의 학문이 대성한 양 저술을 하면 이 담에 늙어서 후회하게 된다. 그때 가서 너의 지난날의 저술을 수거(收去)하거나 고치는 데 어려움을 겪을 것이며, 그보다도 중요한 문제는 너의 글이 결국은 남을 속이고 남에게 미혹을 주는 것이 될 것이니 그 책임을 어떻게 지려 하는가?"(『동양사상산고』II 11면) 라는 대만대학의 스승인 방동미 교수의 촌철살인과도 같은 가풍에 영향을 받아 체질화된 것에서 비롯된다.

한 편의 글이나 한 권의 책은 많은 영향을 미친다. 그 때문에 모든 저자는 자신의 글에 신중하지 않을 수 없다. 이러한 입장에서 이 책의 저자는 일체의 세속적이고 감상적인 자극에 흔들리지 않고 오직 "나의 일생은 조그마한 서재에 묻혀 살아가지만 나의 궁극적인 목표는 만고에 전할 문장을 남기는 것이다"[生涯一間書榻, 事業萬古文章]는 명제를 갖고 신기(神氣)를 존양(存養)하고 있다. 그는 "존양 공부 속에 담는 학문을 해야 한다. 그렇지 않으면 그 학문은 허허벌판에서 싸늘하게 얼어 죽은 고아가 될 것이다"고 역설한다.

저자는 "말 한 마디 글 한 줄이 신인(神人)을 감동시키지 못한다면 해서 무엇하리! 두보(杜甫)도 '사람의 타고난 성품 속에는 아름다운 글귀를 탐하는 병이 있으니, 자기가 한 말이 사람을 놀라게 하지 못하면 죽어서도 편히 쉬지 못한다'[爲人性癖貪佳句, 語不驚人死不休]라고 하지 않았던가? 하물며 철학하는 사람이랴!" 하며 자신의 소작(少作)에 대해 변호 내지는 변명한다.

저자는 자신의 전공을 중국철학이라고 강변(?)하고 있다. 그러면서 원시유가, 대승불교, 도가의 3대 축을 자신의 학문의 축으로 삼고 있다. 그는 사회인으로서의 국가관이나 인간관은 유가의 '도덕'을, 시작(詩作)과 서도(書道) 등 예술적 감성은 도가의 '자유'를, 인생과 우주를 관조하는 존재론은 불가의 '화엄'을 바탕으로 하고 있다. 그는 불도유 회통정신의 토대 위에서 강의와 저술을 하며 만년에 쓰고 싶다는 아호를 '보조'(普照)로 정해두었었다. 그의 불교학 연구서들도 곧 책으로 간행될 예정이다.

그는 일찍이 대만대학에 유학하여 학부부터 그곳에서 시작했다. 중국 남방 학풍의 메카인 남경대학의 방동미와 당군의, 북방학풍의 센타인 북경대학의 웅십력과 모종삼, 그리고 일본 육사 출신의 무장으로 있다가 학문으로 돌아온 서복관 등 '현대 중국의 5철(哲)'에 의해 자신의 학문적 토대가 다져졌다고 한다.

이 책 『중국철학사』는 모두 일곱 권으로 기획된 책이다. 그 중에서 첫째 권인 「중국철학의 원류」편만이 현재 나와 있다. 내가 읽은 것은 바로 제1권이다. 둘째 권은 그의 8천권 장서가 있는 원주 동막의 서재에서 지금 집필 중이다. 그는 이 책 서문에서 자신의 학문관과 역정을 자세하게 언표하고 있다.

저자는 스스로 자신의 30년 중국철학사 강의를 회고하며 그 시기를 셋으로 나누고 있다. 제1기의 10년(1965 ~1975)은 선배학자들의 저술을 읽고 자기 나름으로 소화해서 강의안을 짜는 "의탁강의 시절"로 아직 '철학사관'이 서있지 못한 시대. 제2기(1975~1985)는 참고한 책들의 문제점을 파악하고 자신의 중국철학 관점을 개발해서 강의하던 "중점강의 시대". 제3기(1985~1996)는 자신이 쓴 논문이나 원고를 강의자료로 쓰며 스스로 연구 심득한 것을 발표하던 "자득강의 시대". 결국 그는 '학문의 세계는 실력이 말해준다'고 할(喝)을 토하고 방(棒)을 휘두른다.

저자의 『중국철학사』1은 번역되어 나온 다수의 『중국철학사』와는 다른 저술이다. 한국의 한 철학자가 40여년 동안 닦아온 학문의 연찬 결과이다. 이 책은 학문의 성과를 회향하기 위한 마지막 발원이며 불도유의 회통에서 우러나오는 회향의 집이다.

이 책의 부제가 「중국철학의 원류」의 장이듯이 그는 서설에서 중국철학의 기원과 원류를 밝히고 있다. 특히 그는 중국철학사를 기술함에 있어 기존의 중국철학사가 지니고 있는 '기원'에 대한 시각을 네 가지로 정리하면서, 자신은 '기원'의 탐색보다는 '원류'라는 언표를 통해 중국철학사 기술의 입장을 세 가지로 드러내고 있다. 여기에서 강조되는 점은 반면(反面)사상(유가를 중국 문화의 정면으로 간주할 때 그와 대비되는 법가, 병가, 음양가, 황로사상을 일컬음)에 대한 자리매김이다.

중국철학을 연구하는 최근의 경향은 유가 사상의 형성 배경에 편중되는 것이 아니라 중국 고대의 철학사 연구의 공백으로 남아있는 반면사상에 대한 연구로 집중되고 있다. 저자는 이러한 공백을 보충하기 위해 세 가지 기본전제를 설정한다.

그는 첫째 주(周)대 초기의 사상에 여상(呂尙, 姜太公)의 '권모술수'를 첨가해야 하며, 둘째 관중(管中)과 정자산(鄭子産)에게

춘추 초·중기의 철학사적 지위를 부여해야 하며, 셋째 황로 사상 및 음양오행설의 맥락을 규명해야 한다고 힘주어 말하고 있다.

그는 은의 정복과 주의 흥기가 '문왕의 덕의 순수함'[文王之德之純]에만 기인한다고 하는 시각에다 여상의 권모(權謀)사상의 절대적 작용을 강조한다. 그 원인은 주왕조가 '거슬러서 취하여도 순조롭게 지킨다'(逆取而順守)는 주공의 수성책이 '도덕'을 선양하고 '권모'는 억제함으로써 주의 영속을 위한 계책으로 삼았기 때문이라는 것이다.

그러나 하은주 삼대가 끝나고 춘추시대가 시작되자 주공계열의 도덕적 이상 정치는 별다른 작용을 못하자 난국을 수습하고 정치 질서를 통제하는 역량이 생겨났는데 이는 현실을 중시하며 정치와 경제를 개혁하는 패도(覇道)주의였다는 것이다. 패도주의의 사상적 기원은 제나라의 국가 통치의 기초를 닦아 놓은 여상이며, 그의 사상을 이어받아 정치와 경제를 건설하여 부강한 국가를 만들려고 노력한 사상가가 바로 관중이라는 것이다. 공자 역시 "관중이 없었더라면 우리는 아마도 머리를 풀어 헤치고 옷섶을 왼쪽으로 하는 오랑캐가 되었을 것"이라고 하여 그의 공을 인정하였다.

또 중국 역사에서 최초로 법치를 시행한 위대한 법치정치가인 정자산을 법가사상의 원류로 삼아야 한다는 것이다. 그리고 마지막으로 선진철학사에서 빠뜨린 황로 사상 및 음양오행설의 본말의 정확한 자리매김이다. 이를테면 『여씨춘추』나 『춘추번로』를 통하여 제시된 주요한 학설 및 사상이 황로 사상과 음양오행설의 연장선에 서 있다는 것을 몰랐던 선진철학사 연구자들의 시각을 비판하고 반면사상을 역사 위에 자리매김 하고 있는 점이다. 이는 중국철학사 기술의 중요한 시각이다. 저자는 중국철학사를 지금까지의 정면사상 중심의 시각 위에다 반면사상의 올바른 자리매김을 통해 역사를 바라보는 원융적인 철학사관을 제시하고 있다.

"철학을 하려면 평생 먹고 살 수 있는 최소한의 재물이 있어야 한다. 진실로 철학을 하겠다면, 학부를 졸업하고 이내 취직해야만 하는 재정 형편이어서는 곤란하다." 그래서 "한 집안에서 적어도 철학자가 나오려면 3대는 재물을 축적해야 4대만에 운이 좋으면 성공할 수 있을 것이다. 왜냐하면 처음 대가 맨주먹으로 살림을 시작해서 저축을 했다면 다음대가 좀 나은 형편으로 일하며 살아갈 수는 있어도 아무 수입 없이 평생을 살아갈 형편은 되기 어렵다. 이 2대가 제1대가 이루어 놓은 바탕 위에서 열심히 벌어서 저축하면 제3대에 가서는 아무 수입 없이도 평생을 학문만 할 수 있는 조건이 이루어지고, 그래서 학자가 될 수 있을 것이다. 그러나 당대에 대학자는 나오기 힘들다. 제3대에서 학문하는 가정의 분위기가 조성되어야 그 속에서 나고 자란 제4대가 대학자가 될 수 있다"는 이야기로 학문에 입문하려는 학생들에게 일깨워주고 있다.

한 사람을 키우기 위해서는 얼마만한 '정성'을 들여야 하는가? 그 정성은 스폰서와 당사자 모두가 다함께 '공력'을 들이지 않고는 불가능하다. 어느 일방이어서는 결코 아니된다. 우리는 어떻게 사람을 키우고 있는가? 그 주인공이 제자이든 자식이든 후배이든. 그의 학문관에 머리가 숙여진다. 그의 『중국철학사』 2~7권이 기다려진다. 말년까지 연구에 매진하던 중천은 과로로 쓰러져 수술을 받았으나 2008년 3월 4일 춘설이 내리는 오후에 세상을 떠났다.

한국 本位사관으로 새로 캐내고 바르게 밝힌 우리 불교사

김영태의『한국불교사』
(경서원, 1997)

한국학 내지는 한국불교사 연구의 오리지날 텍스트는『삼국사기』(김부식)와『해동고승전』(각훈)과『삼국유사』(일연)에다 금석문(『조선금석총람』)을 꼽는 것이 통설이다. 여기에다 한국의『고려사』와『조선왕조실록』뿐만 아니라, 중국의 각『고승전』, 구법『기행문』,『이십육사』, 일본의『일본서기』,『고사기』,『원형석서』 등이 보조 자료로 추가된다.

때문에 이들 사료를 가지고 한국학 또는 한국불교사를 연구할 때 비로소 우리 역사가 바로 보이는 것이다. 불교사만이 아니라 불학사로 접근하려면 위의 사료에다『한국불교전서』와

『고려대장경』 보유편 등이 필수적이다. 이러한 기초사료를 검토한 뒤에야 비로소 한국불학사 내지는 한국불교사의 집필이 가능하다고 나는 생각한다. 그러지 않고는 엄두를 못내는 것이 한국불교이다. 그만큼 층이 두텁고 외연이 넓은 것이 한국불교이기 때문이다.

한국불교사에 대한 연구는 금세기 초부터 시작되어 왔다. 퇴경 권상로 선생의 『조선불교略史』(1917, 『조선불교사개설』로 개칭)를 필두로 하여 상현거사 이능화 선생의 한문본 『조선불교통사』 상하(1918), 포광 김영수 선생의 『조선불교사藁』(프린트본, 『한국불교사』로 개칭), 일본인 다카하시 도오루(高橋亨) 선생의 『이조불교』, 같은 일본인 누카리아 카이텐(忽滑谷快天) 선생의 『조선선교사』, 제자 조명기가 엮은 에다 토시오(江田俊雄) 선생의 『조선불교사의 연구』 등으로 이어진다. 그 이후에 나온 것이 소산 우정상 선생과 김영태 선생의 공저인 『한국불교사』(1969)이다. 그러다가 한국불교사를 본격적으로 쓰기 위한 전초작업으로 저자는 먼저 『한국불교사개설』(1986)을 상자하였다. 그리고 최근에는 그 '개설'을 떼어버리고 본격적인 『한국불교사』(1997)를 펴냈다. 그 부록에는 「한국불교의 종파 역사」가 붙어 있다.

『한국불교사』는 저자의 평생에 걸친 학문적 노정이 담긴 서물이다. 불교사를 바라보는 저자의 눈은 술이부작(述而不作)에 입각한 '한국 본위(本位)'의 과녁에 겨냥되어 있다. 저자는 인는 분야에 참여할 수 있다. 중요한 것은 누가 그 분야를 보다 잘하느냐에 달려있다. 해당 분야 관련 논문이나 연구서적도 별로 없으면서 미리 자기 분야에 금을 그어놓고 이곳은 내 땅이니까 들어오지 말라고 아무도 말할 수 없다. 적어도 관련분야에 대한 10여 편의 논문과 서 너 권의 저술이 없는 한 자기의 전공이 '무엇'이라고 대답할 수 없다고 나는 생각한다. 다만 '나는 지금 어느 쪽에 관심이 있으며 그 분야에 대한 연구를 진행하고 있다'고 말할 수는 있을 것이다. 그래야만 정직한 학자라고 나는 생각한다.

그럼에도 불구하고 당면한 현실정황은 그렇지 않다. 굳이 전공을 말해보라고 한다면 나의 관심사는 불교사상사(문학+역사+철학)이며 좀 더 좁혀 말하면 한국불교(학)사라고 말한다. 한국불교 안에는 인도적 사유와 중국적 사유가 녹아있다. 때문에 인도불교와 중국불교에 대한 이해 없이 한국불교를 제대로 파악할 수가 없다. 문제는 오늘날의 국가개념으로 종래의 사상사를 재단할 수 없다는 것이다.

동양화에서 달을 그릴 때 원을 칠하여 드러내는 방법이 있는가 하면 구름을 물들여 달을 드러내는 방법도 있다. 우리는 후자의 방법을 홍운탁월법(烘雲托月法)이라 한다. 마찬가지로 한국불교를 정확히 이해하려면 한국불교의 외연, 즉 인도불교와 중국불교에 대한 점검 위에서 비로소 한국불교라는 내포를 보다 극명하게 드러낼 수 있을 것이다.

도・중국불교와의 변별성을 통해 한국불교의 특수성을 밝히고자 했던 효성 조명기 선생의 불교사관을 보다 넓히고 깊게 하는 것으로부터 학문적 출발을 시작했다. 특히 신라불교를 보는 관점에 있어 효성 선생과 왕봉 선생은 동일한 패턴을 지니고 있다.

저자는 "한국불교는 인도나 중국불교의 연장도 아니며, 그보다 퇴화한 것도 아니다. 신라시대에는 불연국토사상 등으로 신라 위주의 본위정신(本位精神)에 의하여 인도불교를 능가하려 하였고, 또 그들은 중국불교의 교리연구에 지도적 역할을 하였다. 고려시대에는 중국으로 하여금 문헌의 빈곤을 구제하여 불교를 재흥케 하였으며, 조선시대에는 유생들과 위정자들의 학대를 받으면서도 의혈(義血)을 뿌려 구국하였다. 한국불교의 역사를 연구하는 것은 바로 우리의 역사를 올바르게 아는 것이며, 한국의 역사에서 분리된 한국불교는 존재할 수 없으니, 한국불교사는 그대로 한국의 역사이기 때문이다"라고 말하고 있다.

저자는 신라통일기의 교학을 일종일파(一宗一派)에 치우치지 않았고 개종(開宗)이라는 사실도 볼 수 없으며 대승(大乘) 또는 일승(一乘)불교를 지향한 통불교의 시대이며 민족불교의 완성이요, 총화불교의 결정이라고 주장하고 있다. 이는 소승에서 대승으로 나아간 인도불교와 대승에서 일승으로 나아간 중국불교와는 달리 한국불교는 처음부터 일승으로 출발하여 일대승으로 나아간 것으로 파악하는 효성 선생의 관점과 일맥상통하는 것이다.

그러면서도 저자는 인도불교와 중국불교와는 다른 한국불교의 독창성을 찾아내기 위해 30여권의 저술과 150여 편의 논문에서 불교사학의 광맥을 '새로 캐내고 바르게 밝혀'내었다. 이를테면 한 세계에서는 한 부처만이 상주하는 것이 경설의 통설인데 신라의 노힐부득과 달달박박을 신라의 미륵불과 미타불로 성불시키고 있는 것이나, 여인의 몸으로는 성불하지 못한다는 경설과는 달리 천한 여종이었던 욱면을 그대로 서방정토로 왕생하게 한 것 등은 경설에서는 도저히 찾아볼 수 없는 신라만의 독창이라는 것이다.

즉 창의적이고 신라적 특성이 강하여 불설 경교에 아쉬운 부분이나 새로운 해석이 필요한 경우에는 과감하게 수정하고 보완한 흔적이 보인다는 것이다. 이는 신라인들의 독특한 사유체계에서 나온 것이며 이러한 창의성이 이후 한국불교의 특수성으로 자리매김된다는 것이다.

이 책은 전체 다섯 편으로 시대를 구분하고 있다. 종래의 왕조사관, 즉 삼국－(통일)신라－고려－조선－최근대(대한)로 5분하던 시각을 지양하고 첫째 편－초기불교의 국가적 수용과 전개, 둘째 편－민족불교의 완성, 셋째 편－祈(福)懹(災)적 경향의 불교, 넷째 편－산승시대의 불교, 다섯 째 편－개화격동기의 불교로 구분하고 있다. 이는 왕조중심의 시대구분에서 내용과 성격 중심의 시대구분으로 옮겨간 것이다. 이제 불교사도

새로운 시대구분이 절실히 필요하다는 것을 저자는
통해 보여주고 있다.

이 책이 다른 불교사와 다른 점은 여러 가지가 있지
業(전문수업집단)과 宗(파)의 구분을 통해 고려 중기에 들
비로소 종파가 형성되고 있다는 것, 구산선문은 신라 말
선문에 고려 초의 2산문이 더해져 고려시대에 비로소
다는 것, 고려대장경과 더불어 고려 敎藏(속장)이 지닌
교사적 의미와 민족문화사적 기여에 대해 추적한 것 등
가 바라보는 불교사적 안목을 잘 보여주고 있는 것들

* * *

아직 젊은 나이인 내게 전공이 무엇이냐고 묻는
곤혹스러운 것이 없다. 나의 학문적 화두는 인간학이
간과 세계(자연)와 문명이 나의 주요 관심사다. 적어도
(인간학+고전학)에선 해당 분야에 10여편 이상의 논문
권의 관련 저술은 있어야만 자기 전공이라고 할 수 있
한다. 그러려면 이른바 '하늘의 명을 아는 나이'(知天命
야만 그나마 자기 주요 전공을 확보할 수 있는 것은 아
나는 생각해 본다.

그런데도 우리는 젊은 시절부터 전공이 무엇이냐
강요받는다. 학문은 땅 따먹기가 아니다. 누구든지 관

왕봉 김영태 선생의 『한국불교사』를 읽으면서 나는 한국의 불교를 다시 생각해 보았다. 한국의 불교 안에는 인도의 공유(空有)적 사유와 중국의 이사(理事)적 사유가 한국의 성상(性相)적 사유 속으로 녹아들어 있다는 것을 확인할 수 있었다. 인도의 중관(空)과 유식(有)의 대립을 문아(원측)는 불설의 핵심인 중도의 도리에 입각하여 일승(一乘)과 일미(一味)의 패러다임으로 종합했다면, 의상은 중국의 이사(理事)적 사유를 성기(性起)와 연기(緣起)의 패러다임으로 통합했고, 원효는 성상(性相)적 사유를 일심(一心) 패러다임으로 총섭하여 화(쟁)회(통)의 지평 위에서 무애의 실천행을 보여주었다. 때문에 문아－의상의 사상적 에너지는 원효에게서 회통되어 한국사상사의 정화로 자리매김된다.

원효는 앞 시대의 모든 가능성과 당대의 모든 현재성을 종합한 인물이다. 때문에 한국불교만의 특수성이 무엇이냐는 질문에 원효라는 인물을 통해 말할 수 있다고 나는 생각한다. 왜냐하면 원효의 생각에는 종합성과 독창성이 어우러져 있기 때문이다. 동시에 그의 일생을 통하여 보여준 사상적 역정의 세 축인 일심－화(쟁)회(통)－무애는 한국불교사의 모든 가능성을 종합적이고 독창적으로 설명해 낼 수 있는 코드이기 때문이다.

그만큼 원효의 삶과 생각에는 한국불교사의 모든 가능성과 현재성이 녹아 있다. 그 흐름은 고려의 균여－의천－지눌－요세－일연의 사상에서도 확인되며, 조선의 함허－설잠

－서산－경허－만해의 사상에서도 확인된다. 때문에 『한국불교사』는 불교역사가 사라지지 않는 한 거듭 거듭 새로이 쓰여져야 할 것이다. 이제 많은 『한국불교사』가 나와야 한다. 분명한 것은 자신의 확고한 불교사관 아래에서 나오는 것이어야 한다는 점이다. 그것이 바로 불교를 넓히는 길이다.

한일(韓日)불교사를 어떻게 볼 것인가

스에키 후미히코의 『일본불교사』
(뿌리와 이파리, 2005)

1

'불교사를 어떻게 볼 것인가'라는 물음은 '불교사의 범주가 어디까지인가'라는 물음을 전제하고 있다. '불교'와 '역사'의 합성어인 '불교(역)사'는 보편종교인 불교와 시(時)의 틈새(間)의 연속인 역사의 조합이다. 불교가 연기와 중도의 가르침을 근간으로 한다면, 역사는 역사인식의 근거인 역사해석과 이러한 인식체계를 지배하는 사관을 기초로 한다. 때문에 한 분야의 통사를 쓴다고 할 때는 여러 측면의 접근이 요청된다.

이를테면 정치사, 경제사, 사회사, 문화사, 과학사적 관점을 날줄로 하고, 문학사, 사학사, 철학사, 종교사, 예술사의 관점을 씨줄로 하는 포괄적 측면이 요구되는 것이다. 씨줄과 날줄의 직조는 다시 교단사, 교리사, 사상사, 지성사, 생활사 등의 관점을 이끌어낸다. 이 가운데에서도 특히 사상사는 정치, 경제, 사회, 문화, 과학 등의 날줄의 범주와 문학, 역사, 철학, 종교, 예술 등의 씨줄의 범주를 아우르고 있다. 따라서 스에키 후미히코 교수의 『일본불교사』가 지향하고 있는 '사상사적 접근'은 인간과 세계에 대한 종합적인 시선에 상응하는 방법인 것이다.

저자는 이 책의 「서장에 덧붙여」에서 "나는 사상에 조금 더 역점을 두었다"고 전제한 뒤 "지금까지의 '일본불교사'는 대부분 일본사의 전문학자가 쓴 역사서였다"고 규정하면서 스스로 "사상사의 독자적인 문제뿐만이 아니라 조금 더 문화사와의 관계에 염두를 두어" '사상사적인 접근'이라고 부제를 덧붙이고 있다. 이 책을 '일본불교사상사'로 하지 않고 '일본불교사'로 한 것에 대해 저자는 '일본불교사상사'가 "평생의 작업으로 생각하는 전문서"이기에 보류해 두었다고 하였다.

이 『일본불교사』는 저자 스스로 '일종의 입문서'라고 겸허하게 말하고 있지만, 사실 이 책은 종래 여타의 '일본불교사'와 변별되는 저술이라고 할 수 있다. 저자 스스로도 '전력을 기울여 쓴' 저작임을 자부하고 있다. 저자는 "자국의 전통에 뿌리를 내리지 않고 어떻게 진정으로 본격적인 사상이 전개될 수 있겠는가"라는 문제의식에서 불교사를 기술하고 있다. 그리하여

도 · 중국불교와의 변별성을 통해 한국불교의 특수성을 밝히고자 했던 효성 조명기 선생의 불교사관을 보다 넓히고 깊게 하는 것으로부터 학문적 출발을 시작했다. 특히 신라불교를 보는 관점에 있어 효성 선생과 왕봉 선생은 동일한 패턴을 지니고 있다.

저자는 "한국불교는 인도나 중국불교의 연장도 아니며, 그보다 퇴화한 것도 아니다. 신라시대에는 불연국토사상 등으로 신라 위주의 본위정신(本位精神)에 의하여 인도불교를 능가하려 하였고, 또 그들은 중국불교의 교리연구에 지도적 역할을 하였다. 고려시대에는 중국으로 하여금 문헌의 빈곤을 구제하여 불교를 재흥케 하였으며, 조선시대에는 유생들과 위정자들의 학대를 받으면서도 의혈(義血)을 뿌려 구국하였다. 한국불교의 역사를 연구하는 것은 바로 우리의 역사를 올바르게 아는 것이며, 한국의 역사에서 분리된 한국불교는 존재할 수 없으니, 한국불교사는 그대로 한국의 역사이기 때문이다"라고 말하고 있다.

저자는 신라통일기의 교학을 일종일파(一宗一派)에 치우치지 않았고 개종(開宗)이라는 사실도 볼 수 없으며 대승(大乘) 또는 일승(一乘)불교를 지향한 통불교의 시대이며 민족불교의 완성이요, 총화불교의 결정이라고 주장하고 있다. 이는 소승에서 대승으로 나아간 인도불교와 대승에서 일승으로 나아간 중국불교와는 달리 한국불교는 처음부터 일승으로 출발하여 일대승으로 나아간 것으로 파악하는 효성 선생의 관점과 일맥상통하는 것이다.

그러면서도 저자는 인도불교와 중국불교와는 다른 한국불교의 독창성을 찾아내기 위해 30여권의 저술과 150여 편의 논문에서 불교사학의 광맥을 '새로 캐내고 바르게 밝혀'내었다. 이를테면 한 세계에서는 한 부처만이 상주하는 것이 경설의 통설인데 신라의 노힐부득과 달달박박을 신라의 미륵불과 미타불로 성불시키고 있는 것이나, 여인의 몸으로는 성불하지 못한다는 경설과는 달리 천한 여종이었던 욱면을 그대로 서방정토로 왕생하게 한 것 등은 경설에서는 도저히 찾아볼 수 없는 신라만의 독창이라는 것이다.

즉 창의적이고 신라적 특성이 강하여 불설 경교에 아쉬운 부분이나 새로운 해석이 필요한 경우에는 과감하게 수정하고 보완한 흔적이 보인다는 것이다. 이는 신라인들의 독특한 사유체계에서 나온 것이며 이러한 창의성이 이후 한국불교의 특수성으로 자리매김된다는 것이다.

이 책은 전체 다섯 편으로 시대를 구분하고 있다. 종래의 왕조사관, 즉 삼국－(통일)신라－고려－조선－최근대(대한)로 5분하던 시각을 지양하고 첫째 편－초기불교의 국가적 수용과 전개, 둘째 편－민족불교의 완성, 셋째 편－祈(福)禳(災)적 경향의 불교, 넷째 편－산승시대의 불교, 다섯 째 편－개화격동기의 불교로 구분하고 있다. 이는 왕조중심의 시대구분에서 내용과 성격 중심의 시대구분으로 옮겨간 것이다. 이제 불교사도 새로운 시대구분이 절실히 필요하다는 것을 저자는 이 책을 통해 보여주고 있다.

이 책이 다른 불교사와 다른 점은 여러 가지가 있지만 특히 業(전문수업집단)과 宗(파)의 구분을 통해 고려 중기에 들어서야 비로소 종파가 형성되고 있다는 것, 구산선문은 신라 말의 7산 선문에 고려 초의 2산문이 더해져 고려시대에 비로소 정립되었다는 것, 고려대장경과 더불어 고려 敎藏(속장)이 지닌 세계불교사적 의미와 민족문화사적 기여에 대해 추적한 것 등은 저자가 바라보는 불교사적 안목을 잘 보여주고 있는 것들이다.

* * *

아직 젊은 나이인 내게 전공이 무엇이냐고 묻는 질문처럼 곤혹스러운 것이 없다. 나의 학문적 화두는 인간학이다. 즉 인간과 세계(자연)와 문명이 나의 주요 관심사다. 적어도 인문학(인간학+고전학)에선 해당 분야에 10여편 이상의 논문과 서 너 권의 관련 저술은 있어야만 자기 전공이라고 할 수 있지 않을까 한다. 그러려면 이른바 '하늘의 명을 아는 나이'(知天命)는 되어야만 그나마 자기 주요 전공을 확보할 수 있는 것은 아닐까라고 나는 생각해 본다.

그런데도 우리는 젊은 시절부터 전공이 무엇이냐는 질문을 강요받는다. 학문은 땅 따먹기가 아니다. 누구든지 관심을 가지는 분야에 참여할 수 있다. 중요한 것은 누가 그 분야를 보다 잘하느냐에 달려있다. 해당 분야 관련 논문이나 연구서적도 별로 없으면서 미리 자기 분야에 금을 그어놓고 이곳은 내 땅이니까 들어오지 말라고 아무도 말할 수 없다. 적어도 관련분야에 대한 10여 편의 논문과 서 너 권의 저술이 없는 한 자기의 전공이 '무엇'이라고 대답할 수 없다고 나는 생각한다. 다만 '나는 지금 어느 쪽에 관심이 있으며 그 분야에 대한 연구를 진행하고 있다'고 말할 수는 있을 것이다. 그래야만 정직한 학자라고 나는 생각한다.

그럼에도 불구하고 당면한 현실정황은 그렇지 않다. 굳이 전공을 말해보라고 한다면 나의 관심사는 불교사상사(문학+역사+철학)이며 좀 더 좁혀 말하면 한국불교(학)사라고 말한다. 한국불교 안에는 인도적 사유와 중국적 사유가 녹아있다. 때문에 인도불교와 중국불교에 대한 이해 없이 한국불교를 제대로 파악할 수가 없다. 문제는 오늘날의 국가개념으로 종래의 사상사를 재단할 수 없다는 것이다.

동양화에서 달을 그릴 때 원을 칠하여 드러내는 방법이 있는가 하면 구름을 물들여 달을 드러내는 방법도 있다. 우리는 후자의 방법을 홍운탁월법(烘雲托月法)이라 한다. 마찬가지로 한국불교를 정확히 이해하려면 한국불교의 외연, 즉 인도불교와 중국불교에 대한 점검 위에서 비로소 한국불교라는 내포를 보다 극명하게 드러낼 수 있을 것이다.

왕봉 김영태 선생의 『한국불교사』를 읽으면서 나는 한국의 불교를 다시 생각해 보았다. 한국의 불교 안에는 인도의 공유(空有)적 사유와 중국의 이사(理事)적 사유가 한국의 성상(性相)적 사유 속으로 녹아들어 있다는 것을 확인할 수 있었다. 인도의 중관(空)과 유식(有)의 대립을 문아(원측)는 불설의 핵심인 중도의 도리에 입각하여 일승(一乘)과 일미(一味)의 패러다임으로 종합했다면, 의상은 중국의 이사(理事)적 사유를 성기(性起)와 연기(緣起)의 패러다임으로 통합했고, 원효는 성상(性相)적 사유를 일심(一心) 패러다임으로 총섭하여 화(쟁)회(통)의 지평 위에서 무애의 실천행을 보여주었다. 때문에 문아－의상의 사상적 에너지는 원효에게서 회통되어 한국사상사의 정화로 자리매김된다.

원효는 앞 시대의 모든 가능성과 당대의 모든 현재성을 종합한 인물이다. 때문에 한국불교만의 특수성이 무엇이냐는 질문에 원효라는 인물을 통해 말할 수 있다고 나는 생각한다. 왜냐하면 원효의 생각에는 종합성과 독창성이 어우러져 있기 때문이다. 동시에 그의 일생을 통하여 보여준 사상적 역정의 세 축인 일심－화(쟁)회(통)－무애는 한국불교사의 모든 가능성을 종합적이고 독창적으로 설명해 낼 수 있는 코드이기 때문이다.

그만큼 원효의 삶과 생각에는 한국불교사의 모든 가능성과 현재성이 녹아 있다. 그 흐름은 고려의 균여－의천－지눌－요세－일연의 사상에서도 확인되며, 조선의 함허－설잠

-서산-경허-만해의 사상에서도 확인된다. 때문에 『한국불교사』는 불교역사가 사라지지 않는 한 거듭 거듭 새로이 쓰여져야 할 것이다. 이제 많은 『한국불교사』가 나와야 한다. 분명한 것은 자신의 확고한 불교사관 아래에서 나오는 것이어야 한다는 점이다. 그것이 바로 불교를 넓히는 길이다.

"현재의 내 주요한 문제의식은 일본사상사를 전체적으로 파악하는 것보다는 불교에 전념해서 불교사상사의 흐름 속에서 일본의 불교사상을 자리매김하고 싶은 생각이 더 강하다"고 피력하고 있다.

그래서 저자는 "그것은 세계종교로서 아시아 전역에 퍼져 있는 불교에 초점을 맞춤으로 해서 '일본'이라고 하는 장소에 갇히지 않고" 바라보려고 한다. 이렇게 할 때 저자 스스로도 "어떤 의미에서는 밖에서 객관화시켜 '일본'을 볼 수 있다고 생각하고" 있다. 저자는 또 "내게는 너무 '일본'에만 내재화되는 것에도 저항이 있다"고 피력한다. 하여 "한편으로는 '일본'에 내재화되면서 동시에 '일본'을 어느 정도 떨어뜨려놓고 볼 수 있는 시점도 필요하다"고 힘주어 말하고 있다. 이런 문제의식은 역사가가 일반적으로 느끼는 것과 동일하다.

이러한 입장에 서서 저자는 "나에게 있어 '일본불교'라고 하는 것은 '일본'과 '불교'가 서로 갈등하고 있다는 느낌이 있"다고 고백한다. 즉 "'일본불교'라는 말은 다소 문제가 있는 말인데, 예전에 황국사관(皇國史觀) 하에서 '일본'에 입각해야만 '불교'는 최고의 원숙한 경지에 도달한다고 해서, 그 독자성이 '일본불교'라는 말로 표현된 적이 있음"을 근거로 들고 있다. 그 결과 저자는 "소위 '일본'과 '불교'의 경사스러운 조화라고도 말할 수도 있겠지만, 그러한 경위가 있기에 왠지 모르게 이 말에는 저항이 있음"을 솔직하게 말해주고 있다. 이러한 관점에 대해 일본인인 저자 스스로는 '대단히 낯 두껍게도 생각되겠지만'이라는 한정사를 통해 자신의 역사관을 분명히 보여주고 있다.

그리하여 "지금까지의 '일본불교사'는 기본적으로 '일본' 안으로 '불교'가 당연하게 포섭되는 것으로 보고 거기에 의문을 갖고 있지 않았지만" 저자는 이 둘의 관계가 "그렇게 간단하지 않다"고 파악하면서 "'일본'과 불교의 미묘한 관계를 적어도 문제의식으로서 제시하려고 노력했다"고 자부한다. 이러한 역사인식은 한국불교사를 바라보는 관점에서나, 한일불교사를 공관(共觀)하는 관점에 있어서도 동일하게 주목되는 지점이다. 전체 7장으로 구성된 이 책은 각 '장'과 '초점'의 대비를 통해 '시대적 개관'(장)과 '시대별 사상에 대한 심화과정'(초점)에 대해 집중적으로 파고들고 있다.

2

종래의 '일본불교사'와 확연히 변별되는 이 책에 대해 학계는 다양한 평가를 내리고 있다. 1992년에 나온 단행본 표지에서 나카무라 하지메(中村 元)는 이 책에 대해 간단한 서평을 하고 있다.

우리 선조들이 섭취하고 수용한, 또 우리들의 마음을 길러준 불교사상에 대해 지은이는 마치 칼로 도려내듯 날카롭게 분석하고 반성한다. 종래에도 '일본불교사'라는 제목을 단 책은 수없이 나왔지만, 그것들은 각 종파의 역사를 모은 것이거나 개조에 관한 강설을 집대성한 책의 성격이 강했다. 하지만 스에키 교수는 일본불교사를 일본인의 마음의 소원, 번민, 해결이라는 복잡한 경과로서 사상사적으로 명쾌하게 정리하고 있다. 일본불교의 제 문제에 대한 혜안을 갖게 하고 또 미래를 생각하게 해주는 저서이다.

나카무라는 이 책이 '일본 불교의 제 문제에 대한 혜안을 갖게 하고' 또 '미래를 생각하게 해 준다'고 전제하고 '일본인의 마음의 소원, 번민, 해결이라는 복잡한 경과'로서 일본불교사를 '칼로 도려내듯 날카롭게 분석하고 반성하고 있음'에 대해 높이 평가하고 있다. 이러한 평가는 1996년에 다시 간행된 문고본 표지에서도 그대로 이어지고 있다.

같은 불교이면서도 중국과도 다른 일본의 불교는 어떠한 변화를 이루어 성립되었던 것일까. 본서에서는 6세기 중엽에 전래된 이래 성덕태자(聖德太子), 최징(最澄), 공해(空海), 명혜(明惠), 친란(親鸞), 도원(道元), 일련(日蓮) 등 다수의 빼어난 영웅과 이름난 승려에 따라 해석과 수정을 덧붙였고, 그때그때의 정쟁과 시대 상황을 타고 넘으면서 변모했던 일본불교의 본질을 정치하게 검증했다. 그것은 우리들 일본인의 사상의 핵을 찾는 지적 흥분으로 가득 채우는 여행이기도 하다.

위의 평가는 이 책의 특장을 각 인물들에 대한 해석과 수정 및 시대마다의 정쟁과 상황으로 변모했던 일본불교의 본질을 치밀하게 검증하고 있음에서 찾고 있다. 종래의 '일본불교사'에서 볼 수 없었던 '일본인의 사상의 핵을 찾는' 이 저술은 학계에서도 그에 걸맞는 평가를 받고 있다.

한국인에 의한 온전한 '일본불교사' 기술은 아직 없지만 스에키 교수의 이러한 객관적이고도 비판적인 시각, 그러면서도 주체적인 관점은 통사의 기술자들에게 시사하는 바가 매우 크다고 아니할 수 없다. 우리나라에 번역된 몇 종류의 '일본불교사'와 달리 '일본인의 사상의 핵을 찾는' 이 저술은 한국불교사를 바라보는 관점이나 한일불교사를 공관하는 지점에서도 동일한 의미를 내포하고 있다.

이러한 점은 '한국인의 사상의 핵을 찾는' 한국불교사의 저술 역시 동일한 관점 속에 있어야 함을 시사하고 있다. 따라서 객관적이고도 비판적인 그러면서도 주체적인 역사관을 통해 한국 사상의 핵을 찾는 한국불교사의 기술이 요청되는 것이다. 그리하여 종래 한국불교사에서는 볼 수 없었던 새로운 의미에서의 한국불교사의 기술이 이루어져야 함을 나는 시사받고 있다.

3

이 책은 불교의 전래와 쇼토쿠 태자 및 남도 나라의 교학을 살피는 제1장, 헤이안 불교에 대한 시각과 사이초의 원교와 쿠카이의 밀교의 사상을 밝히는 제2장, 말법 도래와 흔구(欣求) 정토 및 본각과 정토를 밝히는 제3장, 가마쿠라 불교를 어떻게 볼 것인가와 그 형성 및 본각사상과 수행의 결합, 사회변동기의 혼란과 불안 속에서 무로마치 불교를 향해 나아감을 기술하는 제4장, 근세 불교의 문제점과 다른 사상과의 논쟁 및 불교의 재건과 지하신앙 및 신종교를 살피는 제5장, 고통을 겪고 신이 된 인간과 신불습합의 전개 및 신토(神道) 이론과 불교 그리고 산의 종교인 슈겐도(受驗道)를 살피는 제6장, 연구방법에 관한 시각과 한문불전의 수용 및 불교의 토착과 풍화를 살피는 제7장인 종장으로 구성되어 있다. 그리고 일본 불교사를 이해하기 위한 '문헌안내'와 '불교사 연표'를 덧붙이고 있다.

제1장에서 저자는 불교는 "최신의 문화로서 일본에 전래된

것"이라고 전제한 뒤, 그것은 인지(人知)를 뛰어넘은 무서운 존재인 신처럼 새로운 부처의 존재로 '방문한 신'(客人神)으로서 받아들여졌다고 지적한다. 즉 불교는 "일본인에게 신의 레벨로 수용"되었으며, 이로 인해 "교리(法)나 교단(僧)보다는 부처(佛)에 대한 숭배가 중심이었고, 어려운 이론이 아니라 현세의 이익이 중시(나중에는 死者供養이 추가)되었다"고 예리하게 지적하고 있다.

그리고 쇼토쿠 태자시절 "불교가 대규모로 국가에 수용된 가장 큰 이유는 대륙으로부터 전래된 새로운 종교문화를 통해 전통적인 씨족사회의 장애를 제거하고 새로운 체제를 확립하려 했던 것"이라고 분석하고 있다. 이는 율령체제의 이데올로기적 측면을 지적하는 것이라 할 수 있다. 하지만 타이카 개신(大化改新)을 거쳐 율령제로, 그리고 천왕 중심의 중앙집권국가 체제가 확립되면서 불교는 국가에 의해 보호 육성되고 국가행사에 채택되는 한편 국가의 통제를 받게 됨을 날카롭게 지적하고 있다.

제2장에서는 카마쿠라 (신)불교와 달리 기존에 크게 주목되지 못한 헤이안 불교가 수행 측면에서 귀족과 국가만의 기도불교가 아니었음을 지적한다. 동시에 이 시대의 대표적 사상가인 쿠가이(空海)의 십주심(十住心)의 구조는 서양 근세철학의 주축인 헤겔에 견줄 정도의 장대한 철학체계를 가지고 있었으며, 사이초가 확립한 일승주의나 불성론이야말로 가마쿠라 신불교

를 잉태시킨 일본적 불교의 원류라고 강조한다.

그러면서 헤이안 시대 초기에 일본 불교의 기초가 만들어졌으며, 가마쿠라 불교는 신불교의 조사와 기성교단의 개혁파도 포함한 그 응용이자 발전이라고 보고 있다. 이런 점에서 가마쿠라 신불교를 중심으로 한 종래의 불교사관은 헤이안 시대 불교 및 가마쿠라 구불교로부터 재검토해야만 하는 인식의 전환이 요청된다고 역설하고 있다.

제3장에서는 헤이안 시대에 도래했던 말법사상에 대해 중국과 대비하면서 일본의 말법사상의 정체성을 밝혀내고 있다. "종교사상은 결코 경전의 문자에서만 나오는 것은 아니다. 그것을 받아들이는 사회상황과 주체의 의식이 가장 중요하다"고 지적한다. 이러한 맥락에서 범부와 부처를 연결하는 여래장-불성의 개념을 이끌어 낸다. 즉 인도에서 상용한 '여래장'과 중국과 일본에서 즐겨 쓴 '불성'에 상응하는 개념으로 미혹의 마음속에 있는 내재적인 깨달음인 동시에 목표로서의 깨달음인 '본각'의 개념으로 일본의 천태본각사상을 분석하고 있다.

제4장에서는 "종래에는 정토와 선과 니치렌계와 그 유파별로 나누어 논하는 것이 보통이었지만, 구불교를 포함해 총체적으로 이해하려고 한다면, 시대의 추이를 좇아 상호간의 영향과 반발의 관계를 고려할 필요가 있다"고 역설한다. 그러면서 "가마쿠라 신불교의 공통적인 배경이 된 것은 천태본각사상의 재인식"이라는 전제 위에서 "종래의 신불교 중심의 사관을 비판

하고 중세에도 역시 재편성된 구불교가 사회의 주류를 점하고 있었다고 지적한다. 그리하여 그것을 '현밀융합'(顯密融合)에 입각한 현밀체제론(顯密體制論)으로 파악한다. 마지막으로 "신불교 여러 종의 진전에 대하여 구불교 측 천태종이나 진언종의 간토 진출 등의 주목할 만한 움직임을 보였지만, 사상사적 측면에서 가장 흥미로운 것은 신불습합(神佛習合)의 전개와 신도(神道) 독립의 경향"이라 지적하고 있다.

제5장에서는 "경내에 단가(檀家)의 묘지를 가지고 단가의 장례식이나 조상 공양을 가장 큰 업무로 하는 사원인 단나사(檀那寺)로 대표되는 장례불교를 무조건 나쁘다고 결론지을 수는 없다"며 "오늘날의 일본에서는 일반적으로 탄생과 결혼 등 생과 관련된 경사스러운 일은 신도, 그리고 죽음과 관련된 것은 불교라는 분업체제가 확립되어 그것에 의해 두 종교의 평화공존이 성립되어 있다"고 말한다. 그러면서 "장례불교의 원형은 중세로 거슬러 올라가지만 일반화된 것은 근세의 에도 시대이며 근세는 현대까지 이어지는 일본 불교의 형태를 확립한 시대"로 파악하면서 정치적인 강제성이 동반된 근세의 불교를 탐색하고 있다.

제6장에서는 인도의 부처가 일본의 신으로 시현하였다는 본지수적(本地垂迹)의 변용을 통해 신과 부처의 관계를 설명하고 있다. 즉 부처 →신이라고 하는 본지수적 관념의 틀 속에서 인간 →신이라는 새로운 본지수적 관념이 생겨나고, 후자로 중

점이 옮겨지게 되는 것이다.

"대왕과 왕자가 하늘을 나는 수레에 올라 날아온 일본의 구마노(熊野) 땅의 본궁(本宮)은 아미타여래, 신궁(新宮)은 약사여래, 나치(那智)는 관음보살을 본지로 한다"는 이러한 관념에 기초하여 "우리 자신도 경우에 따라서는 그렇게 될 수 있는 상당히 가까운 구제자로 바뀌어 있다. 이것을 고대와 중세의 초월주의 세계관에서 근세의 인간중심주의로 이행하는 것으로 볼 수도 있을 것이다. 그리하여 "부처가 신보다 우위에 있었던 원래의 본지수적 사상과 달리 이제는 범부가 그대로 부처와 보살이 될 수 있다고 한다면, 부처와 보살 역시 이미 신보다 상위가 아니라 신과 같은 수준의 존재"라고 보고 있다.

마지막장인 종장에서는 일본 불교를 보는 시각을 종합적으로 정리하고 있다. 저자는 일본 불교의 다양성과 커다란 변용을 들고 있으며, 이것이 일본인 연구자에게 자신의 주체성과 직접 관련되기 때문에 좀처럼 객관적인 대상으로 떼어놓고 다루기 어렵다는 이유로 들고 있다. 그러면서도 이러한 문제점은 역으로 일본 불교만의 매력이라고 해석하기도 한다.

그러면서도 "일본 불교의 실체를 명확히 하기 위해서는 교리나 역사자료 뿐만 아니라 문학과 불상 같은 미술 분야도 반드시 포함시켜야 함"을 역설하고 있다. 아울러 한문 불전의 수용, 그리고 불교의 토착과 풍화에 대해서도 자세히 언급하고 있다. 여기에서 저자는 일본에서의 불교 수용 문제를 특히 '본각사상'

을 매개하여 다음과 같이 해명하고 있다.

본래 일본인 고유의 사고방식은 현세주의적인 경향이 강했다고 생각합니다. 그것이 불충분하지만 고대 말기에서 중세에 걸쳐 현세이탈의 방향을 가지게 된 것은, 역시 불교의 영향이 있었다고 생각해도 좋을 것입니다. 그러나 그와 반대로 불교는 현세주의적인 일본의 토양에 빨려들어 갑니다. 교리적으로 그 방향을 대표하는 것이 본각사상입니다.

이처럼 저자는 본각사상에 의해 불교가 "일본 땅에 뿌리내리게 된 그 하나의 귀결점이 불교 자체의 풍화였다"고 지적하고 있다. 때문에 "신과 부처의 관계에서 본지수적설(本地垂迹說)이 발전해 부처가 신으로 나타났다는 논리가 성립되면, 현실적으로 일본 땅에 중생을 구제하기 위해 강림한 신 쪽이 그 배후에 있는 부처보다 더 가치 있는 존재로 인식되게 되는 것"으로 파악하고 있다. 나아가 "본각사상이 현세주의 입장에 서면 현세에서 중생 구제를 하는 신이 있기 때문에, 부처는 필요 없게 되어버린다"고 진단을 내린다.

하여 "가마쿠라 말기의 내셔널리즘과 함께 발흥하는 신도(神道)사상이 불교를 섭취하면서 자립적인 사상을 형성하는 것도, 이러한 흐름에 입각하고 있기 때문"이라고 파악한다. 이는 일본에서의 불교의 토착과 풍화를 통해 신도로 이어질 수 있었던 것은 곧 본각사상이 있었기 때문으로 보고 있는 것이다.

결국 저자는 “불교가 본각사상이라는 형태로 현세주의화를 진전시키면서 일본 땅에 뿌리내리게 된 과정의 하나의 귀결은 불교 자체의 풍화였다”고 결론내리고 있다. 그리고 그 풍화는 ‘뿌리를 썩게 하는 무서운 늪지’로서의 일본에 대한 깊은 성찰과 함께 ‘외래 종교의 토착화에 대한 근본 의문’으로 신중하게 던져지고 있다.

4

이 저술은 종래의 ‘일본불교사’와는 변별되는 특징을 갖고 있다.

첫째, ‘사상사로서 접근한 불교사’라는 점이다. 이것은 종래 여러 연구서들이 이뤄내지 못한 측면이라 할 수 있다. 불교학과 일본불교를 사상사적 관점에서 바라보려고 하는 저자의 시선이 있기에 가능한 일이라 할 수 있다.

둘째, 일본과 불교의 관계를 즉자적으로 받아들이지 않고 대자적으로 바라보고 있다는 점이다. 이렇게 하여 일본과 불교의 관계를 일정한 거리 위에서 긴장을 유지하면서 기술하고 있다.

셋째, 기도불교 혹은 장례불교라는 부정적 평가를 껴안고 이것을 오히려 일본불교의 중요한 특징으로 승화시키고 있다는 점이다.

넷째, ‘신도’와 ‘불교’의 관계를 대립의 관계가 아니라 상보적 관계로 파악함으로써 일본불교의 중요한 특징으로 내세우고 있는 점이다. 즉 인간의 탄생과 결혼 등 생과 관련된 경사스러운 일은 신도, 그리고 죽음과 관련된 것은 불교라는 분업체제가 확립되어 그것에 의해 두 종교의 평화공존이 가능했다고 파악하고 있는 점이다.

다섯째, 장례불교의 원형은 중세로 거슬러 올라가지만 일반화된 것은 근세의 에도 시대이며 근세는 현대까지 이어지는 일본 불교의 형태를 확립한 시대로 파악하면서 정치적인 강제성이 동반된 근세의 불교를 탐색하고 있는 점이다.

여섯째, 아미타 '히지리'(聖)나 법화 '지경자'(持經者) 등의 활동을 일본 불교의 기저부를 구성하는 것으로 보는 점이다. 이는 일본 고대종교에서 영적 능력을 지닌 사람과 중국의 '성'(聖) 개념과 도교의 '진인' 개념을 겹쳐보는 것이다. 다시 말하면 이러한 중층성을 갖는 성인성(聖人性)을 통해 '성인' 혹은 '진인'의 개념을 다면적으로 파악한 것이다. 그리고 이 개념을 곧 '지경자'와 대비하고 있는 점이다.

이러한 몇 가지 점에서만 하더라도 이 책의 독자적인 관점은 드러나고 있다. 아울러 이 책에서는 356개의 치밀한 주석과 핵심을 찌르는 설명을 덧붙이고 있어 이 분야 연구자들뿐만 아니라 일본 문화에 관심을 갖고 있는 이들에게 좋은 지남이 되고 있다고 할 수 있다.

다만 아쉬움이 있다면 고대 일본불교의 중요한 동반자였던 한국과의 관련성을 거의 다루고 있지 않다는 점이다. 하지만 이러한 점은 오히려 한국인들에게 주어진 과제라고 해야 할 것이다. 오히려 '한국사상의 핵을 찾는' 한국불교사 기술과 한일불교사를 공관하게 해주고 있다는 점, 그리고 사상사로서의 접근이 인간과 세계를 전관할 수 있다는 점을 시사해 주고 있는 점 등에서 이 책은 우리의 정체성과 인식틀을 형성해 온 불교사를 진지하게 되돌아보게 하고 있다고 해야 할 것이다.

아울러 이 책을 비롯해 '일본'과 '불교'의 접목 및 '근대'와 '번역'의 고리를 집중적으로 탐구하고 있는 스에키 후미히코 교수의 일련의 저작들은 '한국불교사'와 '한국불학사' 및 '동아시아불교사'를 기술하고 있는 나에게 많은 시사를 주고 있다.

에필로그

글 쓰는 인간의 탄생

인문적 인간 즉 호모 휴매니티쿠스는 능동적으로 책을 읽고 주체적으로 글을 쓰는 존재를 일컫는다. 그는 '치열한 수행'과 '방대한 독서'를 삶의 본질로 생각하는 철학적 인간이다. 그는 능동적인 책읽기와 주체적인 글쓰기를 통해 인간학과 고전학을 통섭한 인문적 인간이다. 때문에 인문적 인간은 사색하는 존재이자 고뇌하는 존재이다. 그러므로 인문학은 인간이 경험하는 온 삶을 수놓으며, 인간이 체험하는 온 몸을 축적하여 고전을 만들어갈 때 비로소 완성된다. 하여 인간의 무늬와 향기와 가풍은 깨어있는 존재의 삶 속에서 숙성되고 발효된다.

인문적 인간은 시대정신(zeitgeist)에 투철하고 역사의식에 철저한 지성이다. 그는 동시대 인간들의 문제의식을 자신의 문제의식으로 껴안고 살아가는 존재이다. 이를테면 그는 민족모순과 계층모순의 화두를 자신의 문제로 껴안고 이를 해소하기 위해 온몸을 던지며 살아가는 존재이다. 아울러 인문적 인간은 끊임없이 자신의 소유를 줄이고 남들을 향해 나누는 삶을 사는 인간이다. 그는 불필요한 것들을 소유하지 않고 최소한의 소유로 살아가면서 공동이익을 위해 헌신하는 존재이다. 그러므로 인문적 인간은 끊임없이 '독서'하고 '저술'하는 인간이다.

호모 휴매니티쿠스는 숲과 거리의 사색을 통해 주체적으로 '책을 읽는 존재'와 '글을 쓰는 존재'이다. 그는 인간과 세계에 대해 깊이 깨어있는 존재이다. 그의 글에는 그의 온 몸이 실려 있고 그의 온 삶이 실려 있다. 그는 인간의 이야기와 역사의 이야기를 통해 성숙해지고 겸허해진 존재이다. 그는 자신과의 싸움인 '극기'(克己)로 글을 쓰고, 마음을 내려놓는 '하심'(下心)으로 책을 읽는 삶을 영위하는 인간이다. 주체적 인간의 글쓰기는 자신을 비우는 과정이자 새로운 자신을 채우는 과정이다. 그는 책을 읽음으로써 책들로부터 벗어나고, 글을 씀으로써 글들로부터 놓여나는 삶을 사는 존재이다.

이처럼 인문적 인간은 능동적으로 책을 읽고 주체적으로 글을 쓰는 인간이다. 그의 글 속에는 불필요한 것을 갖지 않는 무소유의 정신이 담겨있고 간소하고 단순하게 사는 온 삶이 실려 있다. 때문에 삶이 담긴 말과 몸이 실린 글로 이루어진 그의 저작은 많은 이들에게 감동을 준다. 그는 홀로 살아도 외롭지 않고 가난하게 살아도 슬프지 않다. 그러므로 우리는 그를 '인문적 인간'이자 '책을 읽는 인간'이며 '글을 쓰는 인간'이라 부른다. 그리고 우리는 그를 학명으로 '호모 휴매니티쿠스'로 부른다. 우리 모두 능동적으로 책을 읽고 주체적으로 글을 쓰는 인간인 호모 휴매니티쿠스의 탄생을 축하해 주자.

저자 : 고영섭(高榮燮)

동국대학교 불교학과와 같은 학교 대학원 불교학과 석·박사과정을 졸업하고 고려대학교 대학원 철학과 박사과정을 수료하였다. 동국대, 서울대, 서울대대학원, 강원대, 한림대, 서울시립대 시민대학 강사와 고려대학교 민족문화연구원 연구교수를 거쳐 동국대학교 불교학과 교수로 재직하고 있다. 2006년에는 일본 용곡대학에서 <한국불교>를 강의했으며 2010~2011년에는 미국 하버드대학 옌칭연구소 산하 한국학연구소에서 연구학자로 활동했다. 불교방송 인터넷 텔레비젼에서 <파워특강 : 고영섭의 한국불교사>를 강의하고 있으며, 인터넷신문『불교저널』에 <고영섭 교수의 원효에세이>를 연재하고 있다. 2002년 3월부터 <대발해동양학한국학연구원 한국불교사연구소>를 개설하여 동양학 한국학 강의를 하고 있으며 인문학 계간지 『문학 사학 철학』 편집주간을 맡고 있다. 저서로는『한국불학사』 1, 2, 3, 4,『한국불교사』,『나는 오늘도 길을 간다 : 원효, 한국사상의 새벽』,『원효탐색』,『한국의 사상가 10인 : 원효』,『한국철학자 15인 이후 : 원효 이후』,『원효, 중생의 마음속에 심은 부처의 가르침』 등 20여권이 있다. 1998~1999년 월간『문학과 창작』 2회 추천을 완료(신인상)하였으며 시집으로는『몸이라는 화두』,『흐르는 물의 선정』,『황금똥에 대한 삼매』,『바람과 달빛 아래 흘러간 시』(근간) 등이 있다.

인문적 인간 호모 휴매니티쿠스

1판 1쇄 찍음 • 2010년 5월 10일
1판 1쇄 펴냄 • 2010년 5월 20일

저 자 • 고 영 섭
발행인 • 정 현 걸
발 행 • 신 아 사
인 쇄 • 성실인쇄

출판등록 • 1956년 1월 5일 (제9-52호)
서울특별시 은평구 녹번동 28-36번지(2F)
전화 (02)382－6411 • 팩스 (02)382－6401
홈페이지 • www.shinasa.co.kr
E－mail • shinasa@chol.com

ISBN : 978-89-8396-675-9

정가 *10,000* 원